18€

RG
LA TRAQUE D'ACTION DIRECTE

Suivi éditorial : Marie-Mélodie Delgado
Corrections : Catherine Garnier
Maquette : Annie Aslanian

ISBN : 978-2-84736-562-7
Dépôt légal : janvier 2011
Achevé d'imprimer en Espagne par MARTÍ & BLANCO

Serge Savoie

RG

LA TRAQUE D'ACTION DIRECTE

nouveau monde éditions

À Olivia…

« Les mémoires ont l'avantage de présenter
l'un et l'autre côté du tissu… »

Chateaubriand

Merci à Hervé Cosquer pour ses encouragements, son soutien et ses conseils.

Merci également à Éric Denécé d'avoir bien voulu préfacer cet ouvrage.

Préface

La faillite du communisme et l'effondrement de l'URSS n'ont pas mis fin à l'existence de forts courants de pensée marxistes cherchant à remettre en cause le système libéral et son évolution. Au contraire, depuis le milieu des années 1990, les victoires de la démocratie sur le totalitarisme et de la libre entreprise sur l'économie planifiée ont engendré l'apparition d'une nouvelle vague contestataire, altermondialiste et anticapitaliste.

Celle-ci est souvent présentée comme le rassemblement de citoyens responsables dénonçant le triomphe de la cupidité dans nos sociétés développées, la transformation du citoyen en consommateur et l'exploitation éhontée des plus faibles. Si les fondements de cette démarche sont légitimes et si tous les militants n'appartiennent pas à l'extrême gauche, le mouvement est influencé par des individus ou des groupes qui n'ont pas accepté l'échec du système de valeurs marxiste auquel ils adhèrent.

Encouragés par la crise économique et financière actuelle, qui illustre indéniablement certaines dérives du système libéral, ces militants sont convaincus que le temps est venu de renverser ce système politico-économique qu'ils abhorrent.

Heureusement, pour l'essentiel, les femmes et les hommes de cette mouvance agissent dans le respect des règles démocratiques : ils multiplient les blogs, les publications, les meetings, les actions de lobbying et les manifestations.

Cependant, on observe, à la marge de ce mouvement, l'inquiétant développement d'actions violentes provenant de groupuscules radicaux qui prônent ouvertement la destruction du système actuel.

Aujourd'hui, chaque grand sommet international (OMC, G8, G20, OTAN) donne lieu à des affrontements de plus en plus durs avec les forces de l'ordre. On assiste à de véritables guérillas urbaines où des professionnels de l'agitation noyautent et manipulent les manifestants anticapitalistes – mais aussi de simples casseurs, hooligans, punks ou éléments anarchistes de droite ou de gauche – pour provoquer des confrontations encore plus violentes et déclencher la répression policière qui servira leurs intérêts.

Depuis quelques années, de nombreux signaux permettent de suivre la montée en puissance d'une ultragauche[1] radicale en Europe de l'Ouest. Les services de sécurité européens parlent d'une « internationale anti-autoritaire insurrectionnelle » ou d'un « triangle anarchiste méditerranéen », rassemblant l'Espagne, l'Italie et la Grèce.

Dans ces trois pays, les groupes violents sont particulièrement actifs. En Italie, une « Fédération anarchiste informelle » serait responsable de 26 attentats entre décembre 2003 et janvier 2004 et les Nouvelles brigades rouges repassent à l'action. En Espagne, des squatters ultra-politisés, les Okupas, ont réussi à faire annuler une réunion européenne sur le loge-

1. Baptisée ainsi pour la différencier des partis politiques officiels d'extrême gauche.

ment, en octobre 2006. En novembre 2007, un jeune militant de 16 ans, Carlos Javier Palomino, a été assassiné lors d'affrontements entre extrémistes de gauche et extrémistes de droite, à Madrid.

Mais c'est en Grèce que la radicalisation est la plus significative, le nombre de militants le plus important et le niveau de violence le plus impressionnant. La mouvance d'ultragauche a déjà commis plusieurs attentats, dont certains spectaculaires : une tentative contre le ministre grec de la Culture le 30 mai 2006, une attaque à la roquette contre l'ambassade américaine à Athènes en 2007. Elle est également à l'origine des émeutes étudiantes de 2008.

Parallèlement, on observe également la réapparition en Allemagne de groupes révolutionnaires qui reprennent les traditions de la Rote Armee Fraktion (Fraction armée rouge). Ce phénomène inquiète sérieusement les autorités d'outre-Rhin.

Tous ces groupes violents tirent parti de la culture de la clandestinité de l'extrême gauche européenne des années 1970 et maîtrisent parfaitement les techniques de renseignement et d'action (sabotages, séquestrations, destructions, opérations « coups de poing », etc.). Mais ils ont aussi développé des modes d'action inédits : en effet, plusieurs cas de piratage informatique graves ont révélé les menaces qui pèsent sur certaines des fonctions (médicales et financières notamment) les plus vitales de nos sociétés. L'heure est aux « guérilleros cybernétiques » cherchant à détruire les réseaux numérisés et à plonger l'économie mondiale dans le chaos par le déclenchement de krachs boursiers artificiels. Le monde virtuel est appelé à être l'une des cibles privilégiées de cette nouvelle forme de terrorisme des temps modernes.

Si la violence de ces mouvements n'est pas un fait nouveau, l'intensité et l'ampleur qu'elle a prises ces dernières années dans le cadre de l'opposition à la mondialisation sont inédites. Au cours des années 1970 et 1980, les mouvements terroristes n'avaient pas reçu le soutien populaire qu'ils espéraient. Or, il en va différemment aujourd'hui. En effet, nombre de militants altermondialistes non-violents sont prêts à accepter que la violence soit employée pour faire triompher leurs idées.

La France demeure moins touchée par ce phénomène que les autres pays occidentaux. Toutefois, elle n'est pas épargnée. De nombreux signes conduisent à penser que, dans les prochaines années, les mouvements d'ultragauche développeront leurs actions dans l'Hexagone. Le nombre de militants violents est estimé à plus de 500 par la Direction centrale du renseignement intérieur (DCRI), essentiellement sur Paris et Toulouse.

Déjà, en mars 2006, des concessions automobiles Renault et Citroën ont été visées. Les policiers font un lien entre ces attaques et la fermeture d'un squat militant rennais, haut lieu de l'ultragauche locale.

En mars 2007 est publié *L'insurrection qui vient*, un essai politique rédigé par un « Comité invisible ». L'ouvrage explique comment et pourquoi une insurrection s'avère nécessaire et inéluctable.

Puis, en novembre 2008, des actions de sabotage sont perpétrées contre des lignes TGV de la SNCF, causant le retard de nombreux trains et bloquant des milliers de passagers dans les gares. L'enquête de la DCRI conduit à l'interpellation d'un groupe de militants d'ultragauche, à Tarnac, un petit village de Corrèze. La DCRI surveillait ces individus depuis longtemps et considérait que « ce groupe se situait dans les prémices de l'action violente, [...] stade où les choses peuvent basculer à tout moment »[1].

Enfin, le 16 décembre 2008, une tentative d'attentat contre le Printemps Haussmann, à Paris, échoue. Revendiquée par un obscur « Front révolutionnaire afghan », qui exigeait le retrait des troupes françaises d'Afghanistan, elle présente en réalité toutes les caractéristiques d'une action de l'ultragauche. Celle-ci considère que la présence française en Afghanistan relève de l'impérialisme et que les pays du tiers-monde sont exploités, d'où son appel à un Afghanistan « libre ».

La situation est donc préoccupante. Ainsi, il existe, en France, une nouvelle ultragauche violente, déterminée à passer à l'action. Les membres de cette mouvance dite « anarcho-autonome » sont plutôt jeunes (25 à 35 ans), fortement politisés et leur unique but est de détruire l'État « répressif » et la société capitaliste. Le climat social, la crise économique et les exemples des groupes violents constituent un terreau favorable à leur développement.

Il est légitime de s'en inquiéter. Souvenons-nous qu'il y a trente ans, avant de commettre des assassinats, Action directe avait commencé par faire sauter un bâtiment du CNPF[2]. De même, dans les années 1970, avant d'organiser des attentats, la Gauche prolétarienne avait déclenché l'intervention militarisée de petits groupes, non armés mais violents, dans les usines et dans les lycées.

1. Interview de Bernard Squarcini, directeur central de la Sécurité intérieure, *Le Journal du dimanche*, 12 mars 2009.
2. Ancien nom du MEDEF, Mouvement des entreprises de France.

*

C'est tout l'intérêt du livre de Serge Savoie que de nous permettre de replacer cette dynamique dans une perspective historique à travers le récit de sa longue et riche carrière au sein des Renseignements généraux (RG).

Serge Savoie est un véritable praticien du renseignement intérieur. Il a commencé sa carrière au sein de la 7e section des RG, chargée, jusqu'au milieu des années 1960, du contre-espionnage à Paris et des enquêtes dans la capitale au profit du Service de documentation extérieure et de contre-espionnage (SDECE), l'ancêtre de la DGSE. En mai 1968, toujours au sein des RG, il participe à la surveillance des événements au Quartier latin.

Il se spécialise ensuite, au cours des années 1970, dans la surveillance des formations révolutionnaires. À la tête d'un groupe d'investigation opérationnel, il lutte contre les activistes et les terroristes d'ultragauche : les Groupes d'action révolutionnaire internationaliste (GARI), les Brigades internationales (BI), les Noyaux armés pour l'autonomie populaire (NAPAP) et Action directe.

Ce dernier mouvement, tristement célèbre, sera son « pain quotidien » pendant près de deux décennies. Il n'a cessé d'être aux trousses de ses membres jusqu'à ce qu'il les débusque dans leur repaire de Vitry-aux-Loges et les mette définitivement hors d'état de nuire. Le présent document, écrit par celui qui a été surnommé « Monsieur Action directe » au sein des RG, a donc une valeur exceptionnelle. Son rôle fut en effet décisif dans cette opération de longue haleine, ce qui lui valut d'être décoré de la Légion d'honneur.

Homme d'une grande discrétion, tant par nature qu'en raison de sa longue immersion dans le monde du secret, Serge Savoie a longtemps hésité avant de prendre la plume pour faire part de son expérience. Il a finalement souhaité rétablir certaines vérités, plusieurs aspects du sujet, évoqués par d'autres, étant parfois présentés de manière approximative ou orientée.

Par cet ouvrage, Serge Savoie a également voulu faire partager sa passion pour son métier. Au-delà du récit, rigoureusement authentique et vécu, de la traque d'Action directe – traque émaillée de multiples rebondissements – ce livre captivera tous ceux qui s'intéressent à l'histoire de la police et du renseignement intérieur.

Le lecteur y découvrira en particulier les activités de la 7e section des RG de la préfecture de police de Paris et de la fameuse Brigade opérationnelle centrale des défunts RG. Il y apprendra également qu'en 1974, Serge Savoie, à la demande de sa hiérarchie, fut le premier à enquêter sur une certaine Anne Pingeot, maîtresse du candidat socialiste à l'élection présidentielle, François Mitterrand.

À travers les pages consacrées à la surveillance des groupes d'extrême gauche, on assiste à la lente dérive de jeunes gens de bonne famille, révoltés contre ce qu'ils estiment être les injustices de notre société, vers le terrorisme criminel. Et, paradoxe qui en étonnera plus d'un, on découvre, dans le récit de Serge Savoie, que des relations presque amicales se nouent au fil de la poursuite entre certains activistes et les policiers chargés de leur surveillance.

Le lecteur prendra enfin conscience de la naïveté confondante de la gauche lors de son arrivée au pouvoir en 1981. La dissolution de la Cour de Sûreté de l'État et l'amnistie de nombreux militants révolutionnaires – dont ceux d'Action directe – seront sans aucun effet sur la détermination des terroristes, qui repasseront rapidement à l'action.

La mode cinématographique est depuis quelques années à la glorification de tueurs et de criminels condamnés par la justice (*Mesrine*, *Carlos*, *La Fraction armée rouge*, etc.). Grâce à Serge Savoie nous n'oublions pas les victimes d'Action directe : le général Audran, Georges Besse, mais aussi Gabriel Chahine, les policiers de l'avenue Trudaine et d'honnêtes citoyens furent tués ou blessés pour s'être malencontreusement trouvés sur le chemin des terroristes.

Ce livre nous permet de ne pas perdre le sens des réalités. La remarquable expérience de l'auteur nous éclaire sur le passé, nous permet de mieux comprendre le présent et, souhaitons-le pour notre société, de mieux préparer l'avenir.

Éric Denécé
Directeur du Centre français
de recherche sur le renseignement (CF2R)

Préambule

La vérité ! Dois-je dire la vérité ? Question récurrente qui me tracasse depuis plusieurs années à chaque évocation d'Action directe dans les médias.

Les victimes d'Action directe : le général Audran, Georges Besse, mais aussi Gabriel Chahine, les policiers de l'avenue Trudaine, lâchement abattus, sans oublier d'autres collègues et d'honnêtes citoyens tués ou blessés pour s'être malencontreusement trouvés sur le chemin des terroristes. On aurait peut-être pu éviter ces morts, en limiter au moins le nombre si des mesures appropriées et fermes avaient été prises dès le début, lorsque la malveillance et la dangerosité des membres de ce groupuscule ne laissaient plus aucun doute sur leurs intentions et leur détermination.

Pour ces victimes et leurs proches, il faut dire ce qui s'est passé exactement, dire ce qu'on a fait, mais révéler aussi et reconnaître nos insuffisances, nos erreurs et parfois nos fautes.

Action directe, AD, a été mon pain quotidien pendant des mois, des années. Je n'ai cessé d'être à ses trousses, aux premières loges. J'ai eu plus que quiconque – je l'écris sans forfanterie – le privilège ou la charge de vivre au plus près la poursuite de ses membres par la police, de participer au premier chef à leurs recherches, de les pourchasser, de les localiser à plusieurs reprises et de prendre part à leur arrestation, deux fois en ce qui concerne les principaux leaders, pour les mettre enfin hors d'état de nuire.

La dérive de l'ultragauche vers la lutte armée et le terrorisme dans les années 1970 en Europe a fait l'objet déjà de nombreux commentaires. En France, on a copieusement parlé et écrit[1] sur l'expression nationale de cette radicalisation des Groupes d'action révolutionnaire internationaliste (GARI) puis des Brigades internationales (BI) et des Noyaux armés pour l'autonomie populaire (NAPAP) pour aboutir à Action directe.

Mais les auteurs, les commentateurs ou les rédacteurs, de sous-entendus en non-dits, jugeant de manière partisane ou brodant en méconnaissance de la réalité, n'ont retenu le plus souvent que les actions et épisodes avantageux au bénéfice de la police et des responsables politiques du moment, cachant ou voilant les maladresses et les erreurs commises, occultant aussi les questions de préséance, de jalousie et de rivalité policière ainsi que les bienveillances politiques et les compromissions.

Je veux rétablir la stricte vérité.

Je relaterai notre longue lutte et les faits tels que je les ai perçus, vécus et parfois provoqués dans mes fonctions d'inspecteur de police à la Direction centrale des renseignements généraux, dès l'apparition des mouvements révolutionnaires activistes issus des événements de 1968, au début des années 1970, période au cours de laquelle vont apparaître et s'af-

1. Jacques Harstrich, RG : *20 ans de police politique*, Paris, Calmann-Lévy, 1994 ; Alain Hamon, Jean-Charles Marchand, *Action directe : Du terrorisme français à l'euroterrorisme*, Paris, Seuil, 1986 ; Roland Jacquard, *La longue traque d'Action directe*, Paris, Albin Michel, 2000 ; Jean-Pierre Pochon, *Les stores rouges : Au cœur de l'infiltration et de l'arrestation d'Action directe (1976-1982)*, éditions des Équateurs, 2008.

firmer les futurs protagonistes d'Action directe jusqu'à l'éradication du dernier noyau de l'organisation en 1987.

Je dirai ce que je sais. Sauf ce que la loi et le devoir de réserve m'interdisent de révéler.

Je ne nommerai pas mes collègues policiers ni mes supérieurs hiérarchiques dont l'identité n'a pas été publiquement révélée, les citant éventuellement par leurs prénoms, surnoms ou pseudonymes. Je respecterai aussi l'anonymat d'honnêtes citoyens qui se sont trouvés mêlés à cette histoire et celui, sous la réserve qui suit, des informateurs qui nous ont aidés et ont contribué à nos succès.

Je parlerai, en effet, ouvertement de deux informateurs pour reconnaître leur intervention déterminante et les associer à notre réussite : Joseph Tournel, alias Paul, et Gabriel Chahine. Leur identité a hélas déjà été révélée, ce qui a eu, pour l'un, les conséquences tragiques que j'évoquerai. Je déplore toujours que l'incognito sacré qui devait les protéger ait été bafoué délibérément par un fonctionnaire de police de mon service. Cette faute professionnelle fait honte à la fonction.

Je ne l'oublie pas.

I

Mes débuts dans la police

Dimanche soir, 3 mai 1964, je descends du train qui m'amène de mon haut Doubs à Paris. Je n'arrive pas en conquérant prêt à défier la ville mais bien humblement, une valise à la main et quelque argent en poche, de quoi vivoter cinq à six semaines en attendant mon premier salaire.

Un copain franc-comtois m'attend sur le quai, Jean-Claude, une tête, élève à HEC puis à l'ENA, un Rastignac moderne si la politique et les cabinets ministériels l'avaient tenté. Il se contentera d'une carrière dans la haute administration.

En 2 CV, il me conduit à son école, située à cette époque rue de Tocqueville dans le 17e arrondissement, où il est interne. Sa petite chambre est suffisamment large pour déposer sur le sol le matelas sur lequel il dormira, à côté du sommier que j'occuperai pour cette première nuit parisienne. La chambre de bonne qu'il m'a retenue rue de Léningrad ne sera disponible que le lendemain.

Le sommier n'est pas confortable, mais j'ai l'habitude de dormir à la dure, venant juste d'être libéré du service militaire. Sous-lieutenant de réserve, j'avais espéré un temps rester en activité, ma période légale échue, pour une carrière courte de cinq ans en tant qu'ORSA (officier de réserve en situation d'activité). La guerre d'Algérie terminée, l'armée dégageait ses cadres et avait mis fin à ce type de contrat. Ne sachant trop que faire, j'avais postulé pour un emploi d'inspecteur de police contractuel offert notamment aux officiers de réserve par la préfecture de police.

Il s'agissait alors d'un recrutement spécial, hors les règles de la fonction publique, pour faire face au manque d'effectif dû aux départs massifs à la retraite des fonctionnaires des classes 1940-1945 engagés en grand nombre à la Libération.

La préfecture m'avait répondu favorablement et me convoquait, ma majorité acquise, pour le 4 mai.

Je me remémore tout cela en attendant le sommeil, fort excité et réjoui d'être à Paris. Paris que je ne connais pas et qui me fascine depuis mon adolescence lorsque, pensionnaire au collège de Pontarlier, un plan de la capitale sous les yeux, je rêvais à la lecture de tous ces noms de rues, de boulevards, de monuments chargés d'histoire. C'était encore l'époque de Saint-Germain-des-Prés et du caveau de la Huchette, que j'allais enfin découvrir.

Le lendemain, tôt levé, j'emprunte pour la première fois le métro. Son odeur particulière me surprend et m'écœure un peu. Je suis largement en avance et j'ai le temps de faire le tour de l'île de la Cité, d'entrevoir Notre-Dame et, vis-à-vis, la caserne de la Cité, siège de la préfecture de police, où je dois me présenter.

Nous sommes une douzaine de candidats à attendre à l'accueil notre prise en charge par un fonctionnaire qui, de suite, nous divise en deux groupes. L'un nous quitte aussitôt pour gagner, quai des Orfèvres, les locaux de la police judiciaire parisienne ; l'autre, dont je fais partie, se rend au deuxième étage occupé par les bureaux de la Direction des renseignements généraux.

Je ne sais pas au juste ce que représente cette direction et ses attributions. Pour moi, la police, ce sont les commissariats, la PJ, telle qu'on la perçoit dans les romans et films policiers. Mes compagnons n'en savent guère plus. L'un d'eux, mieux informé, nous parle d'un service chargé de renseigner le pouvoir exécutif, un genre de police politique.

C'est ainsi que, par hasard et contre mon désir et mon espoir d'être affecté à la police judiciaire, je suis contraint d'accepter cette autre orientation.

Le directeur, dans son discours de bienvenue, nous déniaise en nous présentant sommairement ses services et leurs compétences : l'information dans les domaines politique, social et économique, l'application de la réglementation, le contrôle et la répression en ce qui concerne les étrangers et les milieux des jeux.

Les formalités d'embauche nous occupent toute la journée. Nous rédigeons une lettre de motivation qui déterminera notre affectation dans l'une des huit sections spécialisées de la direction.

La 7e section des RG

Sans trop connaître les critères retenus à mon endroit, on m'affecte à la 7e section, service de contre-espionnage parisien chargé de la Sûreté de l'État, la Direction de la surveillance du territoire (DST) n'ayant pas, à cette époque, compétence territoriale sur le département de la Seine.

La 7e section n'est pas dans les murs de la caserne de la Cité. Ses bureaux occupent l'étage d'un immeuble discret situé rue des Ursins, petite ruelle à deux pas de Notre-Dame.

Le service est composé d'une trentaine de fonctionnaires dont les deux tiers sont proches de l'âge de la retraite. Après une quinzaine de jours passés au secrétariat pour découvrir et me familiariser avec la vie de la section, je reçois sans autre formalité et formation préalable une arme de service, un Herstal 7.65, une médaille et une carte de police. Je rejoins alors le groupe opérationnel chargé des enquêtes, des surveillances et filatures, composé de sept ou huit jeunes recrues de quelques années d'ancienneté et placées sous les ordres d'un inspecteur divisionnaire chevronné. Ce sera mon premier formateur. Selon sa devise, « Rien de tel que le terrain pour se démerder »... J'apprendrai sur le tas.

Outre la forte différence d'âge existant dans le personnel, je remarque, quelques temps plus tard, que de graves divergences subsistent encore dans cette génération issue de l'après-guerre : d'un côté, ceux qui ont collaboré, ou sympathisé du moins, avec les Allemands et qui ont appartenu aux fameuses Brigades spéciales chargées de la lutte contre les résistants communistes, et de l'autre ceux venant de diverses organisations de la Résistance et des maquis. Malgré les années passées, la césure est toujours là et divise la section en deux camps qui s'ignorent et se supportent.

Au moment où j'arrive, la section traite la dernière affaire d'espionnage au niveau judiciaire, la DST devant couvrir l'ensemble du territoire à partir du 1er janvier prochain.

Il s'agit plutôt d'une tentative retenue contre une étudiante de nationalité yougoslave, manipulée par un attaché militaire de l'ambassade de Yougoslavie, devenue la maîtresse d'un officier supérieur français, ingénieur d'armement au Commissariat à l'énergie atomique, pour lui soutirer des renseignements. Comme dans les romans, elle a un physique attirant et… approprié. C'est une belle fille qui, durant les dix jours de garde à vue, déjeune avec nous et sous notre protection au mess de la préfecture de police.

Le groupe de liaison du Service de documentation extérieure et de contre-espionnage (SDECE)

La 7e section est devenue avant tout un service de renseignement travaillant en étroite collaboration avec la SDECE, organisme dépourvu de pouvoir d'investigation sur le territoire national et qui utilise nos services pour effectuer ses enquêtes. Elles portent en majorité sur des personnes sélectionnées en fonction de leurs activités, employés d'ambassade ou d'organismes internationaux, susceptibles d'être contactés et retournés éventuellement. Il nous incombe de rechercher les moindres renseignements par surveillances et filatures sur ces cibles et d'assurer la première approche sous forme d'une interpellation discrète, afin de mettre en présence l'agent de SDECE et de l'officialiser. Les suites ne nous concernent plus et nous ne sommes jamais informés des résultats des entreprises.

J'ai donc l'occasion de rencontrer et de collaborer avec plusieurs fonctionnaires du SDECE, civils ou militaires. C'est ainsi que je me retrouve un jour en face de mon ancien commandant de compagnie du 65e bataillon d'infanterie de marine au sein duquel j'ai servi en Algérie, courant 1963, à Mers el-Kébir (base militaire que la France devait utiliser durant vingt ans selon les accords d'Évian mais qui a été restituée bien avant l'échéance à l'État algérien). Le capitaine B. s'était présenté alors comme gérant de mess venu effectuer sa période de commandement. Il s'était évidemment bien gardé de nous révéler ses véritables activités.

Nous sommes également chargés d'accueillir les demandeurs d'asile politique, essentiellement des ressortissants des pays de l'Est ayant réussi à sortir légalement ou non de leur territoire et qui ne désirent pas y retourner. Nous les auditionnons, entendons leurs motivations, vérifions leurs déclarations avec l'aide des services extérieurs du SDECE. Dans un premier temps, si rien ne s'y oppose, nous leur délivrons une carte de séjour temporaire en attendant qu'ils acquièrent le statut d'apatride auprès de l'Office français de protection des réfugiés et apatrides (OFPRA).

Cette démarche n'est pas sans risque pour le candidat et pour ses proches restés au pays qu'il expose à des représailles de la part des autorités. Activement recherché par les services spécialisés de son ambassade, il peut être menacé s'il ne rentre pas dans son pays. Nous lui conseillons alors de changer d'adresse et de nous avertir si ce type d'approche survenait de nouveau. À cet effet, il est en possession d'un numéro de téléphone du service et du pseudonyme du fonctionnaire qui suit son dossier.

En raison de mon inexpérience, j'ai dû entendre une dizaine de demandeurs ordinaires jugés sans grand intérêt, jeunes des deux sexes, étudiants ou artistes qui ont eu le privilège de sortir régulièrement de leur pays pour venir effectuer un stage ou se produire dans une troupe.

Ils sont isolés, presque clandestins, et nous sommes souvent leur seule planche de salut. Ils nous appellent pour se faire conseiller et trouver un réconfort. Parfois ils nous invitent à une petite fête autour de leurs compatriotes qui ont déjà opté pour l'Occident. Des liens plus intimes peuvent se créer.

J'ai un souvenir particulièrement brûlant laissé par une séduisante ballerine hongroise de quinze ans mon aînée. À la suite d'une petite soirée réunissant ses amis de même origine, réfugiés à Paris, elle m'avait convaincu sans peine de terminer la nuit dans sa chambre comme si cela allait de soi. Faux pas dont je fus châtié. Deux jours plus tard je me précipitais chez un médecin pour soigner une blennorragie carabinée.

L'affaire Ben Barka

Le 1er janvier 1965, la 7e section, perdant sa compétence en matière de Sûreté de l'État, est dissoute. Ne subsiste à la demande du SDECE qu'un petit groupe de huit personnes dont je fais partie pour continuer notre mission d'assistance.

Le 29 octobre 1965, l'opposant marocain bien connu Mehdi Ben Barka est enlevé en plein Paris et disparaît dans des conditions qui seront largement développées par les médias.

Cette affaire déclenche durant l'hiver et le printemps 1966 une campagne de presse mettant en exergue les liens occultes et les diverses complicités entre les services de renseignement français et marocains, ainsi qu'avec des truands et barbouzes, résidus des officines parallèles anti-OAS.

Si l'opération avait été organisée régulièrement sous l'égide du SDECE, ce sont des fonctionnaires du groupe qui auraient procédé à l'interpellation de l'opposant marocain sur demande écrite officielle, selon la procédure habituellement pratiquée pour ce genre de contact.

Dans cette histoire de « niveau subalterne » selon la réflexion du général de Gaulle, le personnage central est

Antoine Lopez, honorable correspondant du SDECE et des services de sécurité marocains. Il occupe un poste clé, chef d'escale à Orly, qui lui permet d'occulter tout mouvement de personnes et de marchandises et aussi de faire jouer divers services de police avec lesquels il entretient d'étroites relations.

À la demande des Marocains, Antoine Lopez va donc participer très activement à l'organisation de la rencontre projetée à Paris entre Ben Barka et de hauts responsables administratifs et politiques de son pays. Il se couvre néanmoins auprès du SDECE en informant du projet le chef du service « action » avec lequel il est en contact. Celui-ci ne semble pas réagir et laisse faire sans en informer apparemment sa hiérarchie.

On connaît la suite : l'interpellation du leader marocain par deux policiers de la Mondaine, sollicités par Lopez, assez naïfs et sans la moindre méfiance au point d'intervenir officiellement avec un véhicule de service et en présence d'un témoin, puis d'assurer le transport de Ben Barka dans la villa de Boucheseiche à Fontenay-le-Vicomte.

Ensuite, que s'est-il passé ? Plusieurs versions ont été formulées.

Personnellement je penche pour la thèse de l'accident, d'une mort non programmée. Je ne crois pas à un simple projet d'élimination physique de Ben Barka. Une volonté de dialogue existait dès le début, car pourquoi ce déplacement à Paris de Dlimi et d'Oufkir si on voulait simplement se débarrasser de l'opposant au régime ? Un simple contrat aurait suffi.

Cette affaire aura pour conséquences le passage du SDECE sous la tutelle du ministère de la Défense et la réforme des structures policières, notamment la fusion des services de la préfecture de police et ceux de la Sûreté nationale en une nouvelle entité, la police nationale, entérinée par la loi du 9 juillet 1966.

Autre effet immédiat pour le groupe de liaison : sa dissolution est décidée par le préfet de police. Le personnel qui le compose se voit affecté d'office au Service des jeux.

Le service des jeux

Le Service des jeux, aussi surprenant que cela paraisse, dépend des Renseignements généraux. Il a en charge la surveillance, le contrôle des jeux et paris autorisés se pratiquant dans les cercles et sur les hippodromes, ainsi que la répression des jeux clandestins. Il agit alors comme un service de police judiciaire, diligentant des enquêtes préliminaires ou en flagrant délit.

Je suis muté à ce groupe répressif appelé « Groupe de voie publique ». Nouvel univers pour moi. Ma première tâche est de m'initier aux divers jeux interdits pratiqués : poker, jando, baccarat, passe anglaise… et d'apprendre le B.A.-BA de la procédure pénale.

Notre mission consiste donc à rechercher les tripots et à rédiger des procès-verbaux pour infraction à la législation sur la tenue de maison de jeux de hasard. Nous procédons à des tournées de surveillance, de nuit le plus souvent, et dans les quartiers bien chauds de la capitale, Barbès et Pigalle. Je découvre petit à petit le milieu interlope des jeux et sa clientèle nocturne.

Les interventions sont parfois mouvementées dans les arrière-salles, les caves de cafés, de bars et boîtes de nuit, ou sur le trottoir durant la belle saison. Quatre ou cinq policiers face à une trentaine de joueurs, le rapport de force est souvent en notre défaveur et beaucoup de joueurs réussissent à s'échapper.

Heureusement, notre clientèle est en général peu agressive et les actes de violence caractérisée à notre égard sont exceptionnels. En deux ans d'activité dans ce service, je n'ai jamais été confronté à de graves agressions. Il nous arrive même de sympathiser avec nos clients d'habitude. L'inconvénient est que nous sommes rapidement connus et qu'il faut parfois utiliser des ruses de Sioux pour les approcher et neutraliser les guetteurs avant qu'ils ne donnent l'alerte.

C'est un milieu intéressant, mais je n'ai pas le goût d'y faire carrière pour diverses raisons.

D'abord, comme tout service ayant la charge de gérer le vice, à l'exemple de la Mondaine pour la police des mœurs, le service des jeux offre beaucoup d'embûches et de tentations. Les sollicitations et les provocations sont courantes. On vous fait des petits cadeaux, on vous offre à boire et à déjeuner ; votre table est réservée dans les cercles de jeux et casinos ; le champagne, le whisky et les cigares sont à discrétion.

Attention à ne pas franchir la ligne jaune, comme l'on disait jadis, lorsqu'on vous propose de doubler votre salaire en échange de couvrir et protéger des parties, ou quand on vous glisse malicieusement une liasse de billets de banque dans la poche de votre vêtement que vous avez déposé au vestiaire.

J'ai connu un collègue peu scrupuleux. À chaque comptée d'argent saisi provenant des enjeux, il prélevait en douce quelques billets à son profit. Sans vouloir généraliser, il faut bien reconnaître que, de temps en temps, un fonctionnaire des jeux était brusquement et discrètement muté, quand parfois ce n'était pas le service qui subissait une purge sévère.

Et puis le service des jeux de la préfecture de police offre le désagrément d'être le creuset, la réserve en personnel dans laquelle la direction prélève en priorité les fonctionnaires dont elle a besoin pour assumer des missions ponctuelles, exceptionnelles, telles que les protections de personnalités, de locaux abritant des rencontres internationales ou les surveillances de manifestations politiques ou syndicales.

Nous sommes aussi constamment réquisitionnés à chaque déplacement du général de Gaulle, privé ou public. La surveillance des immeubles le long des parcours officiels est réservée aux RG. On passe ainsi de longues heures à faire le pied de grue sur des trajets que l'on connaît parfaitement du fait de leurs fréquences, à Orly ou à l'héliport d'Issy-les-Moulineaux notamment.

Une autre corvée que je n'apprécie guère est la protection rapprochée d'une personnalité. J'ai dû assurer durant deux semaines, avec un collègue, ce type de mission sur la personne de l'avocat député Pierre Lemarchand – très attaqué par les médias après l'affaire Ben Barka – que nous devions accompagner aux sièges des journaux qu'il poursuivait pour diffamation afin d'y acheter les numéros où il était mis en cause. L'hebdomadaire *Minute* n'a pas raté l'occasion de cette visite pour tirer plusieurs clichés et faire paraître une photo en pleine page avec la mention « Lemarchand et ses anges gardiens ».

Les événements de mai-juin 1968

Arrivent les premières escarmouches de Mai 1968 au Quartier latin. La plupart des fonctionnaires de la direction RG ayant moins de 25 ans sont rassemblés au sein d'une nouvelle section dénommée « Groupe de direction » (GD) sous les ordres d'un jeune commissaire de police, Philippe Massoni, qui deviendra, en 1986, directeur central des Renseignements généraux au ministère de l'Intérieur.

Nous sommes alors envoyés dans les rues du Quartier latin pour nous mêler aux manifestants et recueillir un maximum de renseignements. Nous devons nous fondre dans ces milieux contestataires des facultés, des grandes écoles, assister aux réunions et manifestations en vue de connaître les mots d'ordre, repérer et identifier les meneurs. Il ne s'agit pas encore de faire de l'entrisme dans des organisations fermées, ce qui demande une culture politique et militante que nous ne possédons pas. Cette méthode sera pratiqué plus tard pour noyauter les formations gauchistes en faisant appel à des jeunes policiers qui militeront en poursuivant leurs études.

Lâchés dans la rue, sans carte de police et bien évidemment sans arme, sans moyen de communication (il nous faut alors téléphoner de chez un particulier coopérant), obligés parfois de donner la main pour l'édification d'une barricade, matraqués à l'occasion par nos collègues de la tenue, nous rentrons à la Cité, au petit matin, sales, crevés, les yeux larmoyants et rougis par les gaz lacrymogènes, après avoir franchi les barrages de police grâce au mot de passe convenu. Un bon casse-croûte nous y attend.

Nous regagnons ensuite nos domiciles à bord de voitures de service pour y dormir jusqu'en fin d'après-midi avant de recommencer le même scénario le soir venu par un sit-in place Saint-Michel.

J'ai ainsi l'occasion de fréquenter les grandes écoles parisiennes : l'École normale supérieure de la rue d'Ulm, la

Sorbonne, Sciences Po, pour terminer au théâtre de l'Odéon avec les « katangais »[1].

Enfin, un matin de la fin du mois de juin, alors que le jour va poindre et que le calme revient autour de l'Odéon après une nuit agitée, nous recevons l'ordre à notre retour à la Cité de rester sur place et d'attendre 6 heures pour participer avec les CRS à l'évacuation du théâtre.

Un commissaire bien connu arrive, portant une demi-douzaine de drapeaux tricolores et nous dit : « Vous connaissez bien les lieux. Sitôt le bâtiment investi, vous m'accompagnerez sur les toits pour retirer les drapeaux rouges et noirs et déployer à la place les couleurs de la République. »

C'est ainsi qu'au soleil levant nous hissons nos drapeaux sous les applaudissements des habitants du quartier qui, des fenêtres et balcons, manifestent leur joie et la satisfaction de retrouver le calme et leur tranquillité après de nombreuses nuits d'insomnie.

Je retrouve aussi plus de sérénité en réintégrant le service des jeux après plus de deux mois d'absence.

L'année 1969 va faire date, tant au plan personnel que professionnel.

1. Groupe d'une dizaine de marginaux qui se sont immiscés dans le mouvement étudiant de mai-juin 1968, à l'occasion de l'occupation de la Sorbonne, où ils se sont constitués en « service d'ordre interne », avant d'être rejetés en raison de leur violence et de leurs exactions, et expulsés de l'établissement par les étudiants quelques semaines plus tard pour enfin trouver refuge à l'Odéon. Parmi eux se trouvaient deux anciens mercenaires européens dont leur chef ayant servi au Katanga. En tout cas, ils se faisaient passer comme tels lors de la tentative de sécession de cette province du Congo au milieu des années 1960, d'où leur surnom de « Katangais ».

Mon départ de la préfecture de police

À l'occasion d'un stage de ski que j'effectue au début du mois d'avril à l'Union nationale des centres sportifs de plein air (UCPA) de Val d'Isère, je rencontre une stagiaire qui deviendra mon épouse en octobre.

Cette nouvelle situation m'amène dès le printemps à me questionner sur mon avenir dans la police. Jusqu'à présent, tout à la découverte de Paris et à ses distractions, je ne me suis guère soucié du lendemain. Trop paresseux au plan intellectuel pour poursuivre des études de droit, j'ai même négligé de travailler le concours interne pour être titularisé dans ma fonction. Je suis toujours sous contrat avec la préfecture de police. Si je désire un déroulement normal de carrière, il faut absolument préparer cette épreuve.

Encouragé par ma future femme, je me mets à l'ouvrage pour me présenter au concours du mois d'octobre. Déclaré admissible, j'intègre le 2 janvier 1970, pour quatre mois, l'école des inspecteurs de police située rue du Faubourg Saint-Honoré dans les locaux de l'ancien hôpital Beaujon.

Quelle période de bonheur que cet hiver 1970 !

Chaque soir après les cours, je regagne en train Saint-Germain-en-Laye où je demeure avec ma jeune épouse, localité privilégiée avec son air de province que nous ne quitterons définitivement qu'en 2003.

Ma promotion compte environ 150 élèves. Fait nouveau, y figurent une douzaine de jeunes femmes depuis que la profession s'est ouverte à la mixité.

À l'issue de la scolarité, l'affectation dans les divers services se fait au choix en fonction du classement. Je suis assez bien placé pour choisir l'un des rares postes offerts à la

Direction centrale des renseignements généraux au ministère de l'Intérieur.

Ainsi, je reste fidèle à ma formation d'origine. Mon expérience du terrain ainsi que l'enseignement reçu m'ont conforté dans l'idée que cette branche offre une palette d'activités beaucoup plus variées ainsi qu'une plus grande liberté d'action que celles pratiquées en sécurité publique ou en police judiciaire, essentiellement axées sur la répression, avec l'inconvénient d'être soumis à une double et pesante hiérarchie administrative et judiciaire.

Cette affectation me permet aussi de sortir du giron de la préfecture de police et d'acquérir une compétence territoriale au niveau national qui m'ouvre plus facilement l'accès à la province si un jour je décide de quitter la région parisienne.

II

Des maos à Action directe

Avril 1970. Rue des Saussaies.

En optant pour la DCRG, j'ambitionne secrètement d'intégrer les rangs de la Brigade opérationnelle centrale (BOC) dont j'ai entendu parler quand j'étais encore à la préfecture de police. Comme son nom l'indique, cette équipe est le service « action » des RG au niveau national. Elle est composée d'une vingtaine de policiers tous cooptés par son chef, le commissaire Jacques Harstrich, homme d'une cinquantaine d'années, d'allure sympathique et avenante, bon vivant à en juger à son embonpoint, notoirement connu dans la maison pour son engagement dans la lutte contre les membres de l'OAS et, depuis deux ans, contre les gauchistes.

Je sais qu'il n'est pas aisé d'entrer dans cette formation aux activités plus ou moins secrètes.

Jacques Harstrich, que je rencontre quelques jours avant ma sortie d'école, a la franchise de m'annoncer qu'une affectation dans son service n'est pas envisageable pour l'instant. Il est complet et il me faudra patienter un ou deux ans qu'un poste se libère.

En attendant, il me conseille de demander la section « mouvements révolutionnaires », de création récente, chargée de la centralisation de toutes les informations se rapportant aux organisations d'extrême gauche que j'ai déjà approchées durant les événements de mai-juin 1968.

Je suis forcément déçu de devoir ainsi renoncer à un service actif et un peu rebuté à l'idée de rejoindre un groupe de bureaucrates travaillant uniquement sur des notes de synthèses et de documentation.

Mon appréhension se justifie lorsque je découvre le personnel composant cette nouvelle unité. Le secrétariat et le service des archives sont assumés par trois collègues proches de la retraite, vêtus du traditionnel costume-cravate, dont l'un, avant de se mettre au travail, passe consciencieusement des manches de lustrines.

Le chef de service, commissaire en fin de carrière, me donne l'impression d'avoir été contraint d'accepter ce poste peu valorisant. Il m'expose rapidement nos attributions et l'organisation de la section composée, outre les services communs, de deux bureaux d'études spécialisés selon les doctrines révolutionnaires : les trotskistes qui rassemblent notamment les militants de l'Alliance des jeunes pour le socialisme (AJS), de Lutte ouvrière (LO) et de la Ligue communiste (LC), et les maoïstes et anarchistes où l'on retrouve au premier rang les membres du Parti communiste marxiste-léniniste de France (PCMLF) et de la Gauche prolétarienne (GP).

Il m'affecte d'office au bureau des « maos et des anars » où je rejoins deux inspecteurs de ma génération, heureusement, arrivés depuis peu des services RG de la région parisienne, qui ont déjà essuyé les plâtres de cette nouvelle section et acquis une certaine compétence. Ils occupent une petite pièce donnant sur une cour terne et peu éclairée, où j'ai des difficultés à installer mon bureau. Les dossiers de plus en plus volumineux sont tant bien que mal rangés dans des vieilles armoires métalliques qui obstruent les couloirs.

Les maos de la Gauche prolétarienne (GP)

Les débuts sont difficiles. Après deux mois d'adaptation, j'éprouve petit à petit un intérêt grandissant à travailler sur les groupuscules maoïstes. Nous sommes destinataires de toutes les notes d'information émanant des RG de Paris et de province, qu'elles proviennent de sources ouvertes ou plus confidentielles comme les comptes-rendus des informateurs et les transcriptions des écoutes téléphoniques. Nous recevons aussi les rapports des autres services de police concernés auxquels s'ajoutent les articles de presse et de revues spécialisées ainsi que les tracts et documents internes et de propagande des organisations que nous suivons. Notre fonction est de tenir à jour nos dossiers et de transcrire par notes de synthèse les informations susceptibles d'intéresser notre ministre.

Organe centralisateur, nous avons aussi un rôle d'orientation sur les recherches et enquêtes à diligenter par nos services locaux.

Je me prends au jeu et m'intéresse particulièrement à la formation qui s'affirme de plus en plus et qui tient le haut du pavé dans la contestation : la Gauche prolétarienne (GP)[1].

Nous suivons avec attention la naissance de nouvelles formes de lutte et d'actions qui se concrétisent par l'inter-

1. Cette formation s'est constituée après l'éclatement de l'Union des jeunesses communistes marxistes-léninistes (UJCML) par le rapprochement de la branche minoritaire de cette organisation, une trentaine de militants baptisés les « maos spontex », avec les membres du Mouvement du 22-Mars. Fervents disciples d'Althusser, ces nouveaux révolutionnaires récusent les thèses marxistes-léninistes traditionnelles pour se rallier aux nouveaux principes issus de la révolution culturelle chinoise. Pourtant, elle ne sera jamais reconnue par la République populaire de Chine, seuls le PCMLF et les Amitiés franco-chinoises étant agréés par les autorités de ce pays.

vention militarisée de petits groupes non armés mais violents sur des objectifs symboliques dans les usines, les lycées, etc.

Après les journées particulièrement violentes des 27 et 28 mai 1970, la Gauche prolétarienne est dissoute.

Ayant définitivement admis que la lutte violente est nécessaire pour le développement de la contestation, les penseurs de l'ex-GP prennent conscience que le succès de leurs futures opérations exige une nouvelle organisation respectant les principes de la clandestinité.

Joseph Tournel alias Paul

Une nouvelle étape dans l'escalade est franchie. Une branche opérationnelle clandestine voit le jour : la Nouvelle Résistance populaire (NRP) dont les actions, notamment la tentative d'enlèvement de l'industriel Henri de Wendel[1] suivie du rapt de Robert Nogrette[2], s'apparentent de plus en plus à des actes terroristes.

Nous contrôlons assez bien la situation grâce aux informations fournies par un informateur recruté au sein même de la GP, sur l'identité des leaders, leurs mots d'ordre, les actions programmées et sur la vie en général de l'organisation.

Il s'agit, je peux le dire, de Joseph Tournel, car son identité a été révélée quelques années plus tard par un policier

1. Henri de Wendel, à la tête de Wendel-Sidélor, dont l'enlèvement devait répondre au projet de licenciement de 12 000 ouvriers annoncé au sein du groupe sidérurgique.
2. Robert Nogrette, cadre de Renault, kidnappé le 8 mars 1972 suite au meurtre de Pierre Overney, militant de la GP, abattu le 25 février par le vigile Antoine Tramoni, libéré quelques jours plus tard sans contrepartie.

des RG. J'aurai l'occasion de revenir sur cet inadmissible faute professionnelle. Son nom de code est « Paul ». Ancien mineur, syndicaliste, c'est le seul militant d'origine ouvrière à siéger au Comité exécutif, instance dirigeante de l'organisation, composé d'une douzaine d'étudiants tous issus de milieux bourgeois et intellectuels. « Je suis leur caution ouvrière », se plaît à répéter Paul.

C'est à partir de ses renseignements que la BOC arrête le 25 juin 1972 le principal dirigeant du moment, Alain Geismar, et qu'elle fait échec à la tentative d'enlèvement de l'industriel de Wendel.

Au-delà des informations opérationnelles qu'il a fournies, je suis persuadé que Paul a eu auprès de ses camarades, aux niveaux doctrinal et stratégique, une influence aussi capitale que discrète dans leur renoncement à la lutte armée et à l'autodissolution de la Gauche prolétarienne en 1973.

Paul ne disparaît pas pour autant. Il fréquente assidûment et participe à la gestion d'un nouveau point de rencontre de l'extrême gauche, la « maison pour tous » située rue Mouffetard, lieu de rassemblement d'une autre génération de contestataires se réclamant d'une idéologie différente importée d'Italie : l'autonomie ouvrière.

Quand, en septembre 1972, après plus de deux ans d'attente, je suis enfin muté à la BOC, l'activisme des formations issues de Mai 1968 est en déclin. L'accalmie ainsi perçue annonce la disparition de celles-ci. Les maos s'effacent peu à peu alors que se profilent des militants se référant à de nouvelles idéologies professées outre-Rhin par la Rote Armee Fraktion (RAF) et en Italie par les Brigades rouges qui prônent la guerre des classes et l'anti-impérialisme par la lutte armée.

Durant ces deux années 1973 et 1974 de relâche de la tension activiste, la BOC retrouve les missions plus traditionnelles réservées aux RG, notamment la couverture de la contestation ouvrière des Lip[1] à Besançon et des incidents provoqués par l'extension du camp militaire du Larzac.

Nous effectuons de nombreux séjours dans le Doubs en vue de rechercher et de récupérer le stock de montres détourné par les grévistes. C'est l'échec le plus complet. Nous manquons de moyens adaptés aux circonstances, particulièrement au niveau des écoutes téléphoniques.

Des opérations menées avec le service régional de la police judiciaire (SRPJ) de Dijon frisent le ridicule, comme les perquisitions effectuées, à partir d'informations fantaisistes, dans une église et dans le grenier d'une ferme du haut Doubs où il fallut déplacer des mètres cubes de foin.

La seule satisfaction que me procurent ces missions est de me ressourcer dans ce coin de France tout proche de la Suisse où j'ai vécu mon enfance et mon adolescence.

L'enquête sur Anne Pingeot

Après la mort de Georges Pompidou, suivie de l'intérim d'Alain Poher, la campagne électorale pour l'élection présidentielle nous accapare particulièrement en ce printemps 1974. Des enquêtes très réservées nous sont confiées sur des personnalités de gauche et leur entourage, ainsi que des surveillances et filatures sur le principal candidat de l'opposition, François Mitterrand.

1. Tentative avortée d'autogestion de la fabrique d'horlogerie Lip par ses salariés, qui a monopolisé toute l'extrême gauche.

Selon les instructions reçues, durant une semaine, tout le personnel de la BOC s'attache à la personne du leader du Parti socialiste. Il est pris en filature du départ jusqu'à son retour à sa résidence parisienne en vue d'identifier tous ses contacts. Les plus marquants sont les représentants du CNPF (Centre national du patronat français) rencontrés autour d'une table d'un grand restaurant de la capitale.

Une enquête que je diligente sans y attacher d'importance particulière va pourtant faire date et se révéler être un brûlot à l'avènement de François Mitterrand à la présidence de la République en 1981.

Harstrich m'a seulement recommandé d'être très discret dans cette identification.

Elle concerne une prénommée Anne, demeurant rue du Vieux-Colombier dans le 6e arrondissement, signalée de source parlementaire comme étant la maîtresse du leader de la gauche.

Sur les lieux, dans un immeuble haussmannien, je tombe sur une concierge revêche. Elle ne doit pas apprécier les flics. Je la dérange manifestement, car elle s'apprête à se rendre chez son médecin. Ne voulant pas la brusquer, je l'amadoue à ma façon en m'inquiétant de son état tout en lui proposant de repasser plus tard. Elle me prend pour un policier du commissariat et, prudente, elle s'adoucit.

Je lui raconte qu'à la demande d'un collègue des stupéfiants, je suis à la recherche d'un jeune dealer qui serait entré dans l'immeuble la nuit dernière. Immédiatement, elle m'interrompt, décrétant « que ce genre d'individu n'habite pas ici où il n'y a que des gens respectables ».

Je lui rétorque qu'il a bien pu rendre visite à un résident et je l'invite à me présenter la liste des occupants de l'immeuble et à me dresser un portrait sommaire de chacun d'eux.

Sur le carton qu'elle me présente, je remarque immédiatement qu'au troisième étage figurent trois prénoms féminins dont celui d'une certaine Anne Pingeot, mais je ne fais pas de commentaire. Nous passons en revue tout le monde.

« Vous voyez bien que ça ne peut pas être dans mon immeuble, me dit-elle sentencieuse.

– Pourtant vous m'avez parlé de ces trois jeunes filles qui cohabitent au troisième étage. Il a très bien pu venir voir l'une d'elles.

– Non… non… poursuit-elle. Ce n'est pas le genre de femmes à fréquenter des drogués. Je peux bien vous le dire, car tout le quartier est au courant. L'une des trois, Mlle Pingeot, a un ami d'un certain âge, très important, que tout le monde connaît, qui vient la voir régulièrement. Son chauffeur ne se gêne pas et attend dans sa voiture garée en double file.

– C'est un homme connu, riche, un acteur ?

– Il est peut-être riche… C'est un homme politique dont on parle beaucoup ces temps-ci. C'est François Mitterrand ! », me lance-t-elle toute fière.

Il est temps de clore la discussion. Je sais ce que je recherche.

Pour lui faire plaisir, je prends congé en lui disant qu'elle a probablement raison, qu'il doit y avoir une erreur de numéro d'immeuble et que je vais contacter mon collègue.

Les trois identités en tête, je rentre rapidement au service où j'établis qu'Anne Pingeot est conservatrice de musée et que sa famille possède une résidence à Latche, non loin de celle de François Mitterrand.

Quelques jours plus tard, posté à proximité de son domicile, je la vois partir à vélo et gagner, par le boulevard Saint-Germain, le musée de Cluny.

À cet instant, peu de personnes savent qu'elle porte sa fille, Mazarine, qui naîtra le 18 décembre suivant.

La disgrâce de Jacques Harstrich

L'élection de Valéry Giscard d'Estaing à la présidence de la République et l'arrivée dans le nouveau gouvernement de Michel Poniatowski au poste de ministre de l'Intérieur provoque la mise à l'écart de notre chef de section. On lui reproche peut-être son engagement dans la lutte anti-OAS. Je crois plutôt que sa hiérarchie lui tient rigueur des liens privilégiés qu'il entretenait avec le ministre précédent, Raymond Marcellin. Dans cette position, on froisse toujours les susceptibilités et on suscite la jalousie de ses collègues et de ses supérieurs directs.

Jacques Harstrich n'a donc plus l'influence qu'il avait à la Direction centrale des renseignements généraux depuis quatre ou cinq ans. L'activité de la BOC s'en ressent immédiatement. Nous perdons notre autorité dans l'orientation et dans la direction des affaires concernant l'ultragauche, au profit de la section études et synthèses. Nous n'avons plus qu'une connaissance partielle des activités en cours. La manipulation de Paul et des autres informateurs nous est retirée et confiée à une cellule *ad hoc* nouvellement créée. La mainmise sur l'exploitation des écoutes téléphoniques nous échappe aussi. Bref, on nous retire toute initiative.

Dans le même temps, l'effectif du personnel de la brigade est réduit de moitié. Le service est débaptisé et prend la nouvelle appellation de « section recherches ».

Jacques Harstrich est pourtant maintenu à son poste. On n'ose pas le muter, mais on l'éloigne du ministère à la moindre occasion, pour lui confier des missions en province ou à l'étranger.

Une mission à Mayotte

En novembre 1975, j'ai la chance de l'accompagner à Mayotte durant six semaines pour remettre à jour les listes électorales.

Mayotte est l'une des quatre îles qui constituent l'archipel des Comores administré comme territoire d'outre-mer. La population s'est prononcée le 22 décembre 1974 par voie référendaire pour l'accession des Comores à l'indépendance à l'exception des habitants de Mayotte dont 65 % des votants ont manifesté l'intention de rester français.

La loi du 9 juillet 1975 entérine ce choix en accordant l'indépendance aux trois îles : Grande Comore, Anjouan et Mohéli, et prévoit une nouvelle consultation des Mahorais programmée pour les 8 et 11 avril 1976.

C'est dans ce contexte que Jacques Harstrich, un juge administratif, un fonctionnaire des DOM-TOM et moi-même atterrissons le 9 novembre 1975 à Dzaoudzi, chef-lieu administratif de Mayotte, île minuscule du canal du Mozambique, dont la superficie avoisine le vingtième de la Corse et qui est peuplée à l'époque de 45 000 habitants.

Nous arrivons en pleine saison chaude et humide. Nous sommes logés dans l'ancienne et vaste résidence coloniale réoccupée depuis peu par un administrateur d'outre-mer qui gère les affaires de l'île aux statuts non encore définis.

Notre mission est donc de dresser de nouvelles listes électorales pour remplacer les précédentes jugées obsolètes, d'autant que la majorité électorale vient juste d'être fixée à 18 ans.

Nous partageons l'île en trois secteurs, à charge pour chacun de nous trois – le juge étant exclu et supervisant la procédure – de réunir la population de chaque village en présence des chefs locaux de l'ancienne administration des TOM, et d'établir de nouveaux états des futurs électeurs. La tâche n'est pas évidente, notamment pour déterminer l'âge des nouveaux votants. En effet, l'état civil tenu encore par le cadi ne mentionne pas exactement la date de naissance, mais seulement l'année, et encore souvent sous la formule « né vers telle année ». Nous sommes obligés de faire défiler devant nous, comme du temps des conseils de révision, tous les adolescents en âge supposé de voter et de prendre une décision en fonction des témoignages recueillis et souvent contradictoires.

Nous mettons presque un mois pour terminer notre recensement sur le terrain. Le relief de l'île nous contraint d'utiliser des véhicules tout-terrain lorsque la piste est praticable, des barques locales pour gagner les villages côtiers, ou alors de faire de la marche à pied, seul moyen pour se rendre dans des localités isolées qui ne sont desservies que par des sentiers.

Comme je suis le plus jeune, et certainement le plus sportif, on m'attribue le secteur le plus difficile où la marche prédomine. Cela me convient parfaitement. Je peux ainsi observer beaucoup mieux le paysage, m'enfoncer dans les champs de cultures diverses (la plante à parfum ilang-ilang, la vanille, les mangues et litchis). Pour me désaltérer, j'ai recours à la boisson locale, le jus de noix de coco verte, sain et frais. Il suffit de demander à un gamin de grimper au cocotier le plus proche pour satisfaire votre envie moyennant 20 centimes CFA.

Jacques Harstrich s'est résolu à consommer ce breuvage. En bon alsacien, il avait prévu pour son premier déplacement une demi-douzaine de boîtes de bière qu'il avait achetées au foyer du détachement de la Légion étrangère présent sur l'île. Sous l'action de la chaleur et des soubresauts du véhicule, la bière, à l'ouverture de la boîte, avait jailli en geyser ne laissant qu'un résidu chaud et imbuvable.

Une autre boisson est très prisée des métropolitains, le VPM (whisky-Perrier-menthe) que nous nous octroyons lorsque nous rentrons de nos expéditions, avant de tenter de nous rafraîchir sous une douche dont l'eau de récupération sent la croupissure.

À propos des douches, il faut bien entendu pomper l'eau des citernes pour remplir le réservoir commun aux deux cabinets de toilette mis à notre disposition. C'est l'une des tâches d'Ali, le jeune boy que Séléman, le maître d'hôtel de la résidence, a affecté à notre service. D'une nonchalance toute africaine, Ali néglige souvent de remplir complètement le réservoir si bien que le dernier à prendre sa douche – et c'est souvent Jacques Harstrich – n'a plus qu'un filet d'eau.

Un jour, en fin d'après-midi, mon patron surgit dans la galerie, nu et couvert d'eau savonneuse, en pestant contre Ali qui lui a déjà brûlé, au fer à repasser, deux cols de chemise en nylon. Celui-ci accourt et se presse d'actionner le bras de la pompe grinçant désagréablement à chaque manœuvre. Lorsque le bruit cesse, on entend dans toute la résidence la voix de Jacques Harstrich qui gueule : « Nom de Dieu… Pompe Ali… Pompe Ali !!! »

Le soir, pendant que nous dégustons notre VPM en apéritif, Séléman, un petit sourire malicieux aux lèvres, s'approche du commissaire et lui dit : « Je crois que vous n'êtes pas satisfait des services de Pompali, je lui ai fait des remontrances. » Ce surnom lui restera jusqu'à notre départ. Peut-être l'a-t-il gardé !

Nous rentrons en métropole quelques jours avant Noël avec, dans nos bagages, un assortiment de coquillages prélevés dans le superbe lagon qui ceinture Mayotte.

Jacques Harstrich, faute d'avoir trouvé des fers à repasser qu'il collectionne depuis plusieurs années, rapatrie par l'entremise d'un lieutenant de la Légion deux énormes boulets de canon, pesant bien chacun une vingtaine de kilos, provenant de l'ancienne forteresse maritime de Dzaoudzi, qu'il destine à l'ornement des piliers d'entrée de sa résidence secondaire.

III

Les nouvelles organisations terroristes

Les Groupes d'action révolutionnaire internationaliste (GARI)

Pendant que nous prenons du bon temps sous les tropiques et que nous nous dispersons dans des activités de RG traditionnelles, le climat politique n'est plus à l'apaisement en ces années 1974-1975. Des actions violentes se multiplient sur le territoire français, revendiquées par de nouvelles formations révolutionnaires.

En premier se manifestent les Groupes d'action révolutionnaire internationaliste (GARI) dont les membres sont issus de la deuxième génération d'anarchistes espagnols réfugiés dans la région toulousaine et qui sont une résurgence du Mouvement ibérique de libération (MIL) anéanti par les autorités espagnoles après l'assassinat à Madrid de l'amiral Carrero Blanco et l'exécution de son principal leader Puig Antich.

En réaction, les GARI déclenchent une série d'attentats par explosifs et armes à feu en région toulousaine et en Belgique contre des représentations espagnoles. Ils revendiquent entre autres actions plusieurs hold-up et l'enlèvement du banquier Balthazar Suarez.

Dans cette mouvance apparaît pour la première fois, dès 1972, un jeune Toulousain à peine âgé de 20 ans, à la suite d'une perquisition effectuée dans une ferme de la campagne toulousaine à Montastruc, où sont découverts armes, munitions, matériel d'imprimerie et revues anarchistes. Il s'agit de Jean-Marc Rouillan, le futur créateur et dirigeant d'Action directe, contre lequel est lancé un mandat d'arrêt.

Arrêté le 5 décembre 1974 à Paris avec deux autres membres du groupe, Floréal Cuadrado et Raymond Delgado, alors qu'ils transportent des armes, explosifs et faux papiers, il ne recouvrera la liberté qu'en mai 1977.

Les Brigades internationales (BI)

Dans le même temps se manifestent les Brigades internationales (BI) qui, de décembre 1974 à juillet 1977, commettent et revendiquent trois assassinats et trois tentatives d'assassinat dirigés notamment contre des membres du corps diplomatique représentant les pays latino-américains. Cette organisation, aux origines longtemps ignorées, insaisissable et redoutable, se distingue par son choix délibéré du meurtre comme moyen d'action et par son mode opératoire : un tueur agissant seul et qui utilise toujours les mêmes armes (un pistolet de calibre 7.65 et un revolver 11.43). Diverses hypothèses plus ou moins extravagantes sont alors formulées par les RG ainsi que par les médias quant à la composition des BI, auxquelles on va jusqu'à attribuer des attaches proche-orientales.

La vérité ne se manifestera qu'au mois de mai 1977 à la suite d'une interpellation fortuite à Paris de trois personnes trouvées en possession des armes utilisées pour commettre ces assassinats.

Il s'agit du trio Frédéric Oriach, Michel Lapeyre et Jean-Paul Gérard. L'enquête établira par la suite qu'ils composaient seulement le groupe logistique des BI et ne retiendra à leur encontre aucune charge pour la commission des actes revendiqués.

Officiellement, les auteurs des assassinats ne seront jamais identifiés.

Ce n'est que beaucoup plus tard, en 1980, que j'apprendrai de façon confidentielle, d'une source humaine crédible, la brève histoire des BI qui rassemblaient seulement, outre les trois membres arrêtés, deux autres jeunes militants à peine âgés de 20 ans, véritables concepteurs et acteurs du groupe : Denis L. et Yves D., inconnus des services de police.

N'ayant apparemment pu assumer leurs actes, ils se sont suicidés à quelques mois d'intervalle, le second après avoir abattu, le 23 mars 1977, Antoine Tramoni, ancien vigile de Renault et meurtrier de Pierre Overney[1].

Les Noyaux armés pour l'autonomie populaire (NAPAP)

Une troisième organisation, Les Noyaux armés pour l'autonomie populaire (NAPAP), se signale par toute une série d'actions symboliques comme la tentative d'incendie des véhicules d'un parc des usines Renault, le plasticage du local

1. Pierre Overney fut une figure emblématique de la contestation aux usines Renault en 1972. À l'occasion d'une manifestation devant le siège de l'entreprise à Boulogne-Billancourt, il a été abattu par le vigile Antoine Tramoni.

du syndicat propatronal CFT et le mitraillage des façades d'un bâtiment Simca.

En ce début 1976, la Direction centrale des renseignements généraux est informée d'un grand projet des NAPAP : éliminer physiquement le vigile Antoine Tramoni, meurtrier déjà cité de Pierre Overney. L'information vient de Paul. Après quelques années d'inactivité, il refait surface. Comme je l'ai mentionné, Paul, suite à la dissolution de la Gauche prolétarienne, a pris en gérance la « maison pour tous » rue Mouffetard, lieu de rassemblement de militants révolutionnaires de nouvelle génération et de sensibilités diverses : ex-maos, anars et autonomes. Il a sympathisé avec l'un d'entre eux qui s'est laissé aller à cette confidence. C'est un jeune homme à l'étoffe de meneur et Paul pense qu'il est le chef des NAPAP. Il se fait appeler « le Croc » et se déplace toujours à mobylette.

Notre direction, forcée de réagir lorsqu'elle prend connaissance des révélations de Paul, demande à sa section recherches de vérifier l'information et d'identifier le Croc. C'est ainsi que notre service renoue ses contacts avec le précieux informateur et que progressivement nous allons retrouver notre autorité et notre indépendance dans la lutte qui s'annonce dorénavant capitale contre ces nouveaux activistes.

J'hérite du dossier. Pour moi, c'est le début d'un engagement qui sera pratiquement exclusif dans cette lutte contre le terrorisme durant plus de dix ans, jusque dans les années 1990.

Paul reçoit pour consigne d'inviter le Croc, à sa prochaine visite, dans le café qu'il fréquente habituellement rue Monge, à hauteur de la station de métro Censier-Daubenton, pour que nous puissions le voir, le photographier et si possible le prendre en filature.

Quelques jours plus tard, Paul nous prévient que le Croc vient juste de le quitter et qu'il repassera demain en fin de matinée. Comme convenu, il l'invitera à venir boire un verre.

J'organise un dispositif de surveillance pour couvrir le rendez-vous : une camionnette d'observation dans laquelle je me tiendrai sera stationnée à proximité du café tandis que trois véhicules de filature seront répartis aux alentours.

Vers midi, j'aperçois Paul de loin qui se dirige sur moi, accompagné d'un jeune homme d'environ 25 ans, vêtu d'un jean et d'un blouson de cuir noir, genre BCBG, jamais entrevu auparavant. Ils passent juste à côté de la camionnette en discutant. J'ai le temps de bien l'observer et de le photographier.

Ils ressortent un quart d'heure plus tard et repartent en direction de la rue Mouffetard. La filature commence et tourne court lorsque le Croc enfourche sa mobylette restée devant la « maison pour tous » et remonte la rue en sens interdit. Cet échec nous conduira à nous équiper de motos et à former des motards aptes à se faufiler dans la circulation.

Antoine Tramoni a bien entendu été avisé par notre direction des menaces dont il fait l'objet. Est-ce par bravade ou inconscience du danger, l'ancien vigile ne prend pas au sérieux l'avertissement et refuse de changer provisoirement de résidence. Le commissariat local est sensibilisé pour que des patrouilles passent régulièrement près de son domicile, à Alfortville.

Dans la soirée du 3 mars 1976, l'une de ces patrouilles repère une Simca garée sur un parking, non loin de l'immeuble de Tramoni, avec une personne assise à la place du conducteur qui semble faire le guet.

Les policiers arrêtent leur fourgon de façon à bloquer l'accès et la sortie du parking à tout véhicule et se dirigent à pied vers l'auto suspecte pour contrôler l'identité de la personne se trouvant à l'intérieur.

La Simca démarre brusquement à leur approche en direction de la sortie. Voyant celle-ci barrée par le fourgon, le conducteur sort du véhicule qu'il abandonne, prend la fuite en tirant sur les policiers qui le poursuivent et réussit à disparaître dans la nuit.

Dans l'auto abandonnée, les policiers découvrent un fusil de chasse approvisionné et un blouson de cuir que le fuyard n'a pas eu le temps de saisir. L'une des poches contient un portefeuille avec des pièces d'identité d'un certain Christian Harbulot.

Prévenu le lendemain matin, je me rends dans les locaux de la Brigade criminelle saisie de l'affaire pour constater que la photo du Croc et celle qui figure sur les papiers d'identité représentent une seule et même personne. Nous connaissons la véritable identité du leader des NAPAP.

J'apprendrai plus tard de source confidentielle que, ce soir-là, Harbulot n'était pas seul sur les lieux. Il était accompagné d'un complice. Au moment de l'intervention des policiers, il se trouvait dans l'escalier menant à l'appartement de Tramoni et il a pu se défiler sans être inquiété.

Sans l'arrivée inopinée de la police, Tramoni aurait certainement été abattu. Il le sera un an plus tard, le 23 mars 1977, par deux hommes à moto qui l'attendent à la sortie de son auto-école à Limeil-Brévannes. Le règlement de comptes est revendiqué par les NAPAP.

Christian Harbulot, clandestin depuis la fusillade d'Alfortville, devient alors l'ennemi public n° 1 à arrêter de toute urgence. Tout le désigne comme étant le principal suspect.

Nous ne savons pas encore qu'il n'est pas directement mêlé à cet assassinat. Ce n'est qu'après son interpellation que j'apprendrai, toujours de façon confidentielle, que ce sont des membres des Brigades internationales qui, après l'échec d'Harbulot à Alfortville, ont décidé de reprendre à leur compte le projet d'exécution au profit des NAPAP.

Le tueur était Yves D., déjà cité. Il se suicidera peu après, tandis que le conducteur de la moto, un certain Michel, ne sera pas identifié.

Cette affaire ne sera jamais résolue sur le plan judiciaire.

Elle nous apprendra du moins qu'une étroite collusion existait entre les BI et les NAPAP dont les membres provenaient du même creuset idéologique et que leur différence était uniquement due à la personnalité de leurs meneurs.

En attendant, à la DCRG, priorité est donnée à la recherche d'Harbulot. Nous avons l'avantage d'être le seul service de police à le connaître visuellement. Jacques Harstrich a bien l'intention de profiter de cet atout pour prendre une revanche sur sa mise à l'écart par sa hiérarchie directe, d'autant qu'il a l'aval du directeur général de la police nationale. Robert Pandraud donne le signal de la chasse à l'homme en promettant une prime de 50 000 francs[1] au service qui arrêtera le chef des NAPAP.

Encore faut-il une piste crédible pour remonter jusqu'à lui. Nous avons peu de renseignements sur ses relations. Depuis la fusillade d'Alfortville, il a coupé les ponts avec Paul en désertant la « maison pour tous ». Pourtant, c'est encore Paul qui va nous aiguiller sur la bonne voie. Nous lui avons demandé de rechercher dans ses carnets de notes et dans ses archives un indice en mesure de nous orienter. Quelques

1. Environ 7 000 euros.

jours plus tard, il nous transmet un prénom, Pascal, et un numéro de téléphone, en précisant qu'il s'agissait des coordonnées que lui avait remises le Croc s'il voulait un jour le contacter. Il avait totalement oublié de nous le signaler à l'époque et c'est en feuilletant une éphéméride qu'il a retrouvé ces indications. Je ne le crois qu'à moitié car je commence à cerner le personnage par sa façon de fractionner l'information et de distiller les renseignements pour en recueillir une meilleure rétribution. Je ne lui en tiens pas rigueur, c'est de bonne guerre, l'essentiel étant qu'il soit fiable.

L'identification du numéro de téléphone correspond à une famille Trillat demeurant au 1 villa de la Croix-Nivert dans le 15e arrondissement. L'enquête que je diligente aussitôt m'apprend que l'un des fils, étudiant, se prénomme Pascal et qu'il ne demeure plus chez ses parents. Nous montons plusieurs surveillances des lieux sans le repérer. Nous avons néanmoins sa photographie, récupérée au service des cartes d'identité.

Un après-midi de cet automne 1977, en compagnie d'un collègue, je m'arrête quelque temps à proximité du domicile des parents de Pascal dont nous avons interrompu la surveillance depuis plusieurs semaines, faute de résultat. Nous ignorons toujours le point de chute de Pascal et nous commençons à désespérer de remonter jusqu'à Harbulot. Soudain, je vois sortir de l'immeuble le frère de Pascal, son aîné, dont nous avons aussi la photo, et qui, à la différence de Pascal, ne fréquente pas les milieux activistes.

Il porte à la main une pochette en plastique. Il nous conduit à pied à une adresse, rue du Clos Feuquières, distante de cinq cents mètres environ. Il pénètre dans un immeuble ancien, en ressort peu après, les bras vides.

Je le laisse filer et pénètre à mon tour dans l'immeuble. Pas de concierge. Les noms figurant sur la liste des occupants ainsi que sur les boîtes à lettres ne me disent rien. Je monte l'escalier jusqu'au dernier étage, celui des chambres de bonne. Devant la porte numérotée 5, je vois la pochette déposée sur le plancher. Je l'ouvre. Elle contient quelques disques de jazz et un petit papier manuscrit à l'attention de Pascal.

Voilà donc le logement de Pascal Trillat. Je ne remarque aucun signe particulier sur la porte, mais au-dessus du chambranle je note le fil téléphonique qui pénètre dans la chambre.

De retour au service, j'identifie rapidement le numéro de téléphone correspondant et que mon patron s'empresse de faire mettre sur écoutes.

Le surlendemain, le branchement est opérationnel. Les premières conversations sont rares et courtes mais elles nous confirment que la chambre est bien occupée par Trillat.

Il utilise peu son téléphone. À l'exception de ses parents, il n'appelle jamais, nous privant ainsi d'identifier ses relations. J'ai pourtant l'occasion de l'apercevoir un matin à la sortie de son domicile et de le suivre d'assez prêt avant de le perdre bêtement dans le métro.

Enfin, le samedi 3 décembre 1977, vers 10 heures, alors que je pose du lambris dans la chambre de mon fils, le permanent m'appelle et me dit :

« Les techniques [le service d'écoutes] viennent de me prévenir que Trillat a reçu ce matin un appel du Croc lui donnant rendez-vous à 14 h 30 à l'endroit habituel. Que dois-je faire ?

– Rassemble le maximum de collègues que tu pourras contacter. On se retrouve tous à 11 heures au service. J'essaie de joindre le patron. »

Jacques Harstrich est chez lui. Il me questionne rapidement :

« Est-ce que l'on connaît ses points de chute ?

– Malheureusement non. On peut planquer sa chambre en espérant qu'il s'y trouve encore. Le permanent essaie de contacter du monde.

– OK, on se retrouve au bureau. Peut-être aurons-nous d'autres renseignements des techniques. »

Une heure plus tard, je retrouve Jacques Harstrich et cinq collègues qui ont pu être joints. On fait le point. Le permanent des techniques est en écoute directe, mais la ligne est silencieuse depuis l'appel du Croc. Je tente un sondage téléphonique qui reste sans réponse. Pascal Trillat a dû quitter sa chambre.

Une équipe de surveillance part aussitôt rue du Clos Feuquières au cas où il repasserait chez lui avant d'aller au contact, tandis que je me plonge dans les dossiers pour tenter en vain de dénicher une indication.

À midi, nous rejoignons l'équipe de surveillance. À 13 h 30, toujours rien. Je suggère :

« Il ne sert à rien de rester ici davantage… Il ne repassera pas avant son rendez-vous. On peut essayer chez les parents où il a pu déjeuner.

– D'accord, décide mon patron, mais je laisse une équipe sur place. »

C'est notre jour de chance. Nous sommes encore à environ deux cents mètres du domicile des parents lorsque je vois sur le trottoir de droite du boulevard de Grenelle, Pascal Trillat. Il marche d'un pas alerte vers la station de métro La Motte-Picquet-Grenelle.

À quelques secondes près on le ratait. Nous giclons en piétons, tandis que le conducteur rappelle par radio l'équipe restée rue du Clos Feuquières.

À hauteur de la station de métro, Pascal Trillat monte dans un taxi. Le véhicule démarre en direction des quais. À quatre nous nous engouffrons dans le seul autre taxi disponible à ce moment-là, malgré les protestations du chauffeur qui se calme rapidement à la vue de nos cartes de police.

Jacques Harstrich lui dit : « Si vous voulez un bon pourboire vous avez intérêt à rattraper votre collègue. »

Se sentant couvert par notre présence, il fait preuve de bonne volonté, accélère, grille deux feux rouges et rétablit le contact avec son confrère à hauteur du pont de Bir-Hakeim que nous franchissons pour suivre les quais de Seine en direction du centre de Paris. Nous poussons intérieurement un « ouf ». Notre chauffeur a réussi à recoller, suivi de peu par l'autre équipe qu'il a guidée par radio.

Nous nous détendons un peu. Pascal Trillat ne manifeste aucun signe de méfiance. Il ne se retourne pas pour surveiller ses arrières. Sans doute s'est-il assuré, en sortant de chez ses parents, qu'il n'était pas suivi.

À hauteur de la place du Châtelet, le taxi vire à gauche et s'engage boulevard de Sébastopol puis rue Réaumur avant de s'arrêter et de déposer son client à la station de métro Arts et Métiers.

Pascal Trillat se dirige vers la rue de Turbigo et entre dans le café-brasserie situé à l'angle de cette rue, où il se met à jouer au flipper. Nous nous disséminons aux alentours.

Tout à coup, je vois Christian Harbulot à une cinquantaine de mètres rue de Turbigo venant tranquillement de la place de la République. J'entre dans une boulangerie pour bien l'observer à son passage. C'est bien lui, habillé de la même façon que lors de sa rencontre avec Paul, deux ans auparavant.

Il entre dans le café et s'attable avec son camarade. Je confirme à Jacques Harstrich que c'est bien notre homme. Il décide alors de les interpeller individuellement à la sortie lorsqu'ils se sépareront. On se divise en deux groupes d'intervention avec chacun son objectif.

L'entretien dure une heure environ. Harbulot se lève, serre la main de son copain, sort du café et s'engage rue de Turbigo en direction de la place de la République.

À quatre, nous lui emboîtons le pas. Je ne peux me retenir de proposer :

« Il n'a pas l'air chaud. On pourrait le laisser aller pour le "loger". Il a repris l'itinéraire inverse !

– Tu plaisantes ! rétorque mon patron. Ce n'est pas le moment de faire du zèle. Je ne prends pas le risque de le perdre. Allez, on y va ! »

Il est arrêté sans difficulté. Il n'est pas armé, mais en possession d'un faux permis de conduire au nom de Jean-François Sadier.

Dans le même temps, Pascal Trillat, toujours dans le café, a repris sa partie de flipper. Il est lui aussi interpellé sans heurt par l'autre groupe.

À ma grande surprise, mon patron décide de transporter nos prises dans nos locaux au ministère de l'Intérieur, contrairement aux usages qui imposent dans ce cas une conduite immédiate au service judiciaire compétent, en l'occurrence la Brigade criminelle de la préfecture de police.

Jacques Harstrich est rayonnant. Il prend sa revanche et va pouvoir faire la nique à ses détracteurs.

Notre arrivée rue des Saussaies est discrète. Mon chef s'active au téléphone pendant que je rédige, à sa demande, le rapport de mise à disposition à l'attention de nos collègues de la PJ. Les deux interpellés sont gardés à vue séparément dans deux bureaux.

Ce samedi, en milieu d'après-midi, il n'y a pas grand monde au ministère.

Pourtant, nous voyons apparaître le directeur général de la police nationale, puis notre nouveau directeur central flanqué de son état-major, venus satisfaire leur curiosité et féliciter non sans hypocrisie, notre chef qui pavane. Je sais que notre nouveau directeur, Raymond Cham, ne nous apprécie guère, comme il nous le fera sentir quelques semaines après.

La fête se termine vers 18 heures après le départ des interpellés pour le Quai des Orfèvres.

Christian Harbulot, blanchi dans l'affaire Tramoni, sera libéré quelques mois plus tard. Très proche de Roland Dumas, son défenseur, il deviendra par la suite un conseiller et un interlocuteur occulte dans le règlement de certaines affaires mettant en cause notamment des membres d'organisations subversives, lorsque l'avocat deviendra ministre des Affaires étrangères. Plus tard, devenu un spécialiste du renseignement, il sera pionnier dans le développement de l'intelligence économique en France.

Pascal Trillat est remis en liberté dès la fin de sa garde à vue. Aucune charge n'est retenue contre lui. Cette arrestation, qui aurait dû être un avertissement, ne le dissuadera pas de poursuivre ses activités subversives et de rejoindre les rangs d'Action directe. Je le retrouverai en mars 1980, à l'occasion des premières interpellations.

En cette fin d'année si bénéfique pour la section, nous nous réjouissons, les fêtes approchant, de recevoir la prime promise pour cette affaire. Au total nous sommes une quinzaine de fonctionnaires à y avoir participé peu ou prou. On espère une gratification individuelle se situant autour des 2 500 francs[1]. Les jours passent et on ne voit toujours rien venir. Pourtant, par la bande, nous savons que la prime a bien été versée à notre direction. Enfin, quelques jours avant Noël, notre patron, l'œil sombre et sans commentaire, nous attribue à chacun une enveloppe de... 500 francs[2]. Quel désappointement !

Cette somme couvre à peine les frais personnels que j'ai engagés depuis plusieurs mois sur cette affaire !

Un peu plus tard, on apprendra que notre nouveau directeur central, Raymond Cham, a alloué à chaque commissaire de la direction la somme de 1 000 francs[3]. Une façon pour lui de se faire bien voir de ses plus proches collaborateurs.

Tous les inspecteurs s'estiment floués et déconsidérés. L'un d'entre nous trouvera le bon mot en qualifiant cette prime de « chamélique ».

Cette affaire n'améliore pas les relations déjà tendues entre Jacques Harstrich et Raymond Cham. Cela va hâter la mutation de celui qui fut mon patron durant plus de six ans et qui m'a vraiment appris le métier.

Il nous quitte au printemps 1978 pour rejoindre son nouveau poste de directeur départemental des RG de la Seine-Saint-Denis. Avec son départ, c'est toute une tradition policière qui disparaît, notamment sa conception paternaliste du commandement et sa misogynie caractérisée. Je n'ai connu qu'une collègue féminine dans la section, Claire, parce qu'elle avait été imposée par le directeur central de l'époque.

---

1. Environ 350 euros.
2. Environ 70 euros.
3. Environ 150 euros.

Après quelques mois dans notre service, elle a préféré rejoindre la ministre Simone Veil pour assurer sa sécurité rapprochée.

C'est l'adjoint d'Harstrich, aussi de la vieille école, qui assume l'intérim jusqu'à l'automne 1979.

IV

Une pause après la disparition des BI et des NAPAP

Les futurs acteurs d'Action directe

La reprise en main de notre service après le départ de son chef emblématique est immédiate. Le nouveau directeur n'a pas apprécié ses insubordinations et veut nous faire rentrer dans le rang en nous plaçant à nouveau sous les directives de la section violences politiques.

La liberté d'action dont on avait bénéficié nous est retirée peu après l'arrestation d'Harbulot. Plus question de travail d'initiative. La section centralise toutes les informations et nous fournit au compte-gouttes les renseignements dont nous avons besoin pour mener les enquêtes qu'elle nous demande.

Il est vrai que l'actualité ne joue pas en notre faveur. Depuis la disparition des BI et des NAPAP, les actions violentes ont cessé.

L'année 1978 et le premier semestre 1979 sont relativement calmes, mais voient apparaître une nouvelle forme de contestation développée par une nouvelle génération de militants : les autonomes.

Ils se rassemblent au sein de l'organisation « Camarades » où s'affirment déjà par un volontarisme bien marqué Nathalie Ménigon, Éric Moreau, Régis Schleicher et Joëlle Aubron, qui réapparaîtront plus loin dans ce récit.

En mars 1978, les Autonomes signent leur première action par un attentat à l'explosif contre le palais de justice de Paris.

Paul n'a plus de contact direct avec ma section. Repris en main par la cellule manipulation de la direction centrale, il signale à ses nouveaux correspondants les activités de prosélytisme et de recrutement auprès des jeunes des cités ouvrières de la Seine-Saint-Denis et du Nord-Pas-de-Calais d'un ancien professeur de français de la région lyonnaise, André Olivier, militant révolutionnaire de l'ex-GP qu'il a connu à la fin de l'ère maoïste.

Depuis, Olivier s'est radicalisé et ne parle plus que de lutte armée. Très individualiste, il veut créer son propre groupe et l'autofinancer avec l'aide de jeunes marginaux capables de le suivre dans l'illégalité.

Il a parlé à Paul d'un projet de braquage des bureaux d'une entreprise, située dans les environs de Wimy non loin d'Arras, le jour de la paye. Nous sommes en surveillance sur place lorsqu'il effectue ses premiers repérages. Finalement, le projet restera sans suite, mais notre déplacement dans le Pas-de-Calais nous permet d'observer André Olivier, le futur cofondateur d'Action directe, de le suivre et de le « loger » à son retour à Paris, rue Jonquoy dans le 14e arrondissement.

L'entrée en scène de Gabriel Chahine

Dans le même temps, un ressortissant égyptien d'origine libanaise, Gabriel Chahine, demeurant à Toulouse avec son épouse employée à FR3, entre en jeu.

Il a été recruté comme informateur par un collègue des Renseignements généraux locaux, dans des conditions que j'ignore. Je n'aurai jamais l'occasion de voir son dossier pour connaître exactement ses origines et son passé.

Bénéficiant d'une aura de combattant révolutionnaire propalestinien, il se plaît à raconter que la forte claudication qui le désavantage est due à une rafale de pistolet-mitrailleur reçue au niveau du bassin.

Il se déclare peintre, sculpteur et cinéaste, et fréquente les milieux marginaux et subversifs de la Ville Rose où il ne tarde pas à rencontrer plusieurs membres des ex-GARI, dont Jean-Marc Rouillan libéré depuis mai 1977.

Au début de l'année 1978, Chahine quitte Toulouse pour monter à Paris où il occupe un superbe appartement d'artiste peintre avec grandes verrières et mezzanine, situé au Père-Lachaise, rue des Pruniers.

Son domicile devient rapidement un point de rassemblement de militants d'ultragauche de divers horizons : les membres des ex-GARI, Rouillan, Mario Ines Torres et Michel Camilleri de Toulouse, des militants autonomes parisiens, Éric Moreau et Régis Schleicher, et les ex-NAPAP, Carlos Jauregui et Pedro Linares Montanes.

Chahine est alors « pris en compte » par la cellule manipulation de la direction centrale. Il signe son premier succès d'informateur en indiquant un projet de hold-up de l'équipe, dont plusieurs membres sont interpellés le 23 mars 1978, avant d'agir, dans leur planque rue de Bellefond, par la Brigade de recherche et d'intervention (BRI) de la police judiciaire de la préfecture de police. C'est l'occasion pour ce service spécialisé exclusivement sur le « milieu » de découvrir ces nouveaux braqueurs politisés. C'est aussi l'opportunité pour moi de voir en chair et en os certains d'entre eux dont Jean-Marc Rouillan.

Ce dernier est à nouveau arrêté le 13 juillet suivant, à Toulouse, avec la compagne qu'il ne quittera plus, Nathalie Ménigon, et d'autres comparses, alors qu'ils préparent un autre braquage.

Les acteurs de la future saga Action directe en sont à leurs coups d'essai. Leur entrée en scène ne va pas tarder.

En attendant, nos activités sont toujours très encadrées par notre direction. Nous nous dispersons, sans aucun suivi sérieux, sur des enquêtes et surveillances diverses portant sur des sympathisants de la Rote Armee Fraktion, regroupés en région parisienne au sein du Comité international de défense des prisonniers politiques en Europe de l'Ouest (CIDPPEO), dirigé par Jean Asselmeyer et sa cohorte de jeunes militantes dont Dominique Poirée, Brigitte Masson et Véronique Boucher, caractéristique que l'on retrouve dans les rangs de la RAF où les trois quarts des membres sont des femmes.

Nous nous intéressons aussi aux personnalités politiques italiennes réfugiées en France proches des Brigades rouges ou encore, de façon très occasionnelle, aux contacts sur notre territoire des militants basques et irlandais de l'ETA et de l'IRA.

L'ayatollah Khomeyni

Nous assumons par ailleurs quelques missions variées et ponctuelles, hors du cadre de nos attributions directes, comme celle que je vais évoquer parce qu'elle met en scène un personnage éminemment connu.

Il s'agit de l'ayatollah Khomeyni.

Un matin d'octobre 1978, à peine arrivé au bureau, mon chef de service surgit et me dit :

« Tu prends le matériel photo et tu pars de suite à Neauphle-le-Château à telle adresse où tu retrouveras un commissaire de la Direction de la police de l'air et des frontières (PAF). Il s'agit de l'assister pour clarifier la présence en France d'un chef religieux iranien, l'ayatollah Khomeyni, opposant au Shah d'Iran, réfugié jusqu'alors en Irak et qui est entré clandestinement en France. »

Une heure plus tard, je rejoins le commissaire de la PAF devant un petit pavillon de banlieue clôturé d'une grille. Devant la porte métallique de l'entrée dont l'accès est interdit par deux gardiens de la paix envoyés par le commissariat local, plusieurs journalistes sont déjà là.

Le commissaire me glisse en aparté : « Ça barde en haut lieu, la présence de cet opposant religieux n'était pas souhaitée par le gouvernement. Lui et sa suite n'ont pas de visas et ils ont réussi à entrer, il y a deux ou trois jours, par Orly où ils auraient dû être refoulés. »

Nous exhibons nos cartes de police et nous franchissons la porte sous les protestations des journalistes. Le secrétaire de l'ayatollah, qui parle remarquablement bien le français, nous accueille et nous fait entrer dans une pièce de la maison. Du couloir nous apercevons brièvement Khomeyni dans une pièce voisine, assis en tailleur sur un tapis, en méditation ou en prière. D'un léger signe de tête, il nous salue.

Pendant que le commissaire parlemente avec le secrétaire, j'examine et je prends en photo consciencieusement, page à page, les passeports de l'ayatollah, de son fils, de son secrétaire et de deux serviteurs qui l'accompagnent. Il n'y a pas de femmes.

L'un des serviteurs dépose sur une table, à notre intention, des jus de fruit et un plateau chargé de pistaches.

Entretemps, Khomeyni s'est installé dans le jardin devant la maison, sur un tapis, où il procède à ses ablutions avant de prier pour satisfaire les photographes de presse qui le mitraillent de la rue. Discrètement, de la fenêtre, je prends aussi quelques clichés.

En cet instant, je suis loin de penser que j'ai devant moi le futur chef de l'État iranien.

V

La naissance d'Action directe

Le vol du tableau de Jérôme Bosch, *L'Escamoteur*

Parmi les diverses actions de financement, de « réappropriations prolétariennes » comme les futurs membres du groupe se plaisent à baptiser leurs méfaits, le vol du tableau de Jérôme Bosch, *L'Escamoteur*, exposé au musée de Saint-Germain-en-Laye, commis le 13 décembre 1978, va permettre à notre taupe de jouer un rôle déterminant dans la récupération de l'œuvre.

Je n'aurai connaissance de cette affaire que lorsqu'elle sera résolue. Au moment des faits, notre direction ne juge pas utile d'informer la section et de nous faire participer aux recherches.

Chahine informe son correspondant à la direction que les auteurs de ce vol sont Rouillan, Moreau et Jauregui. Ils l'ont sollicité lui, Chahine, pour trouver un acheteur potentiel dans le monde des œuvres d'art qu'il est censé connaître.

Notre direction centrale décide de saisir l'office de police judiciaire spécialisé en matière de vols d'œuvres d'art, lequel monte un scénario où le rôle de l'acheteur est confié à un policier canadien détaché en France à l'Office des stupéfiants.

Chahine sert donc d'intermédiaire et présente l'acheteur au trio.

L'objectif prioritaire pour la police judiciaire est de récupérer avant tout le tableau sans qu'apparaisse officiellement le Canadien. Il ne doit surtout pas être interpellé au moment de la transaction, quitte à ce qu'on laisse s'échapper les vendeurs.

La rencontre a lieu dans l'après-midi du 2 février 1979, place Vendôme.

Seul le transporteur du tableau, Éric Moreau, est appréhendé, tandis que les autres coauteurs réussissent à disparaître, comme prévu.

Le crédit de Chahine auprès de ses compagnons est fortement compromis à la suite de cette affaire. Mis en cause par Jauregui, il contre-attaque et réussit à se disculper en rejetant la responsabilité de l'échec sur eux et l'amateurisme dont ils ont fait preuve, ce que lui a d'ailleurs reproché l'acheteur auprès duquel il a perdu toute crédibilité et dont il craint des représailles (prétend-il).

Chahine réussit ainsi à détourner les soupçons, mais le doute subsiste, surtout de la part de Jauregui dont il se méfie, car il a le comportement d'un « vrai flic ».

Son appartement est déserté par la bande. Après des débuts prometteurs, l'informateur est mis en sommeil jusqu'à l'été 1980.

Les premiers attentats

Ce printemps 1979 voit la naissance officielle d'Action directe. D'un concept révolutionnaire, Action directe devient une organisation qui revendique, en mai, ses deux premiers attentats, dont le mitraillage des façades du siège du CNPF suivi, en septembre, de quatre autres attentats par explosifs et d'un mitraillage contre le ministère du Travail, contre un immeuble de la Sonacotra et contre la délégation des entreprises pour l'emploi.

Toujours à la recherche de finances, surtout après l'échec de la transaction du tableau de Jérôme Bosch, certains membres d'Action directe auraient participé, le 28 août, avec d'anciens membres des GARI déjà cités, Delgado et Cuadrado, et des militants italiens de Prima Linea, à l'attaque à main armée de la perception de Condé-sur-l'Escaut qui a fait grand bruit dans les médias par l'ampleur de la somme détournée : environ 16 millions de francs[1].

1. Plus de 2 millions d'euros.

VI

Action directe : objectif prioritaire

Réorganisation de la section

Après la première série d'attentats commis au printemps 1979, la réaction gouvernementale se précise dans le courant de l'été. Sur injonctions du ministre de l'Intérieur, notre directeur Raymond Cham change de stratégie. Il décide de confier à la section la mission globale de lutte contre ce nouveau groupe subversif qui défraie la chronique.

À cette fin, Raymond Cham prend plusieurs dispositions : la nomination d'un nouveau chef de section ; la réorganisation du service renforcé par l'annexion de la cellule de manipulation des informateurs et de la section des moyens techniques ; l'augmentation du contingent de lignes téléphoniques d'écoutes ; un parc automobile rénové et diversifié et des moyens financiers plus importants, notamment pour la location d'appartements utilisés comme points d'observation.

La section retrouve ainsi son autonomie et sa maîtrise dans les diverses investigations qu'elle va entreprendre sous l'autorité d'un jeune commissaire, Jean-Pierre Pochon – rapidement surnommé JPP – frais émoulu du Service départemental des renseignements généraux du Maine-et-Loire.

La trentaine, d'allure sportive, appréciant particulièrement le football, la chevelure frisée comme un mouton, il inspire d'emblée la sympathie à ses futurs collaborateurs. De suite, il adopte notre tenue vestimentaire, jean, blouson, et se passionne immédiatement pour le travail sur le terrain.

Il n'a aucune expérience en matière de recherche opérationnelle. Néanmoins, avec le soutien hiérarchique dont il bénéficie, l'entrain et les qualités relationnelles qui le caractérisent, ainsi que la confiance qu'il accorde à ses subordonnés, il réussit à créer au sein de la nouvelle section une dynamique qui va permettre en quelques mois de recueillir les premiers résultats positifs.

Il divise le service en deux groupes opérationnels spécialisés :

Le premier, dont il me confie l'animation, est chargé de toutes les investigations se rapportant aux activités subversives des formations d'ultragauche, en particulier de la dernière venue, Action directe ; le second prend en charge les militants et sympathisants des divers groupes activistes étrangers agissant sur le territoire français.

Nos deux groupes ne sont pas cloisonnés et restent en osmose pour pouvoir, le cas échéant, s'entraider selon l'actualité et les besoins.

À la demande de JPP, je dresse un état des militants identifiés et suspectés de former le noyau d'Action directe : Jean-Marc Rouillan et sa compagne Nathalie Ménigon, clandestins ; « Nounours » qui sera identifié plus tard comme étant Carlos Jauregui, clandestin ; Mario Ines Torres et Michel Camilleri, non localisés précisément, mais en région toulousaine ; Régis Schleicher, détenu depuis le 23 mars 1979, date de son interpellation suite aux exactions commises par les Autonomes dans le quartier Saint-Lazare le 13 janvier précédent ; et enfin André Olivier, le seul à être « logé » rue Jonquoy dans le 14e arrondissement.

Nous n'avons pas le choix. André Olivier devient notre premier objectif de surveillance.

Nous l'avons déjà pratiqué dans les corons du Nord. C'est un homme perpétuellement sur ses gardes, d'une méfiance maladive, quasiment impossible à suivre. Avec lui, est inutile d'utiliser les camionnettes de planque. Dès qu'il sort de son immeuble, sa première préoccupation est de s'assurer qu'aucune voiture ou fourgonnette de surveillance ne stationne dans la rue.

Nous décidons d'utiliser un appartement à louer situé dans l'immeuble juste en face de chez lui.

André Olivier habite avec sa plus jeune fille, Anne, âgée de 9 ou 10 ans. Son autre fille, l'aînée, vit avec sa mère, enseignante à Lyon.

Anne est scolarisée dans une école du quartier. La plupart du temps, livrée à elle-même, on la voit jouer sur le trottoir à son retour de l'école. On s'aperçoit rapidement que son père lui a appris à surveiller la rue. Nous sommes amusés le jour où nous la voyons coller son oreille contre la carrosserie d'une camionnette stationnée non loin de son immeuble pour écouter si elle perçoit des voix à l'intérieur.

Le bilan de ce mois de surveillance est modeste. Parfois, André Olivier téléphone de chez une jeune voisine de l'étage en dessous du sien, mais le plus souvent de cabines téléphoniques situées aux environs de la gare Montparnasse et du jardin du Luxembourg.

Nous n'avons pu le suivre qu'une seule fois, au volant de sa Citroën Ami 8 qu'il utilise rarement, jusqu'à Villejuif où nous l'avons perdu.

Le seul élément à mettre à notre actif est l'identification d'un jeune homme qui lui a rendu visite à plusieurs reprises, notamment pour réparer son auto. Petit, malingre et d'allure craintive, il n'a pas le physique ni le comportement d'un activiste. Il habite une cité ouvrière de la banlieue nord où on l'appelle « Bébert ». Il mène une vie de marginal sans travail régulier. Il a des antécédents judiciaires pour avoir commis quelques larcins sans gravité.

Dans un premier temps, nous ne jugeons pas utile de le placer sous surveillance, mais nous le gardons en réserve pour plus tard.

Après ce mois de planque décevant sur André Olivier, il s'avère que, si nous voulons approcher rapidement les objectifs que nous nous sommes fixés, il est impératif de recueillir ailleurs des renseignements opérationnels susceptibles de nous mettre sur la bonne piste. Ces renseignements nous font défaut. Chahine, que nous « traitons » désormais directement, est isolé depuis l'affaire du tableau. Il nous faut trouver absolument d'autres sources humaines.

À la recherche d'informations et d'informateurs

S'il existe aux RG quelques circulaires portant sur la gestion des informateurs, on ne trouve malheureusement pas de mode opératoire, de procédure bien établie pour leur recrutement. L'initiative très subjective et hasardeuse est laissée à l'homme de terrain, à celui qui approche, connaît et sent les personnes susceptibles de lui fournir des renseignements pour diverses raisons : vanité, vengeance, règlement de comptes, intérêt quelconque, appât du gain…

Nous sommes peu rompus à ce genre de démarche. Avec un peu de psychologie, d'intuition et beaucoup de culot, on devrait bien pourtant arriver à sélectionner quelques militants capables de nous fournir des fils conducteurs.

J'ai en vue une personne, que nous surnommerons « Dominique », pouvant répondre à notre dessein. Bien informée sur cette mouvance qu'elle fréquente depuis plusieurs années, elle pourrait nous mettre sur la bonne voie à condition qu'elle veuille bien parler. Elle n'est pas corruptible ou vénale. Son aide ne peut qu'être ponctuelle et motivée par une question de prééminence et de suprématie qui les oppose, elle et ses compagnons, à cette nouvelle formation qu'est Action directe.

J'en parle à Jean-Pierre Pochon. Nous décidons de tenter le coup et de la « tamponner », ce qui veut dire l'interpeller discrètement sans témoin, la conduire dans un véhicule où, en fonction de ses réactions et de son comportement, nous amorcerons le dialogue. Si la « cible » se montre coopérative, la conversation peut se poursuivre autour d'un verre dans un café, sinon nous n'avons plus qu'à la relâcher.

L'interpellation se déroule sans difficulté. Dominique n'est ni impressionnée ni surprise. Avec beaucoup de sang-froid, elle a vite compris qu'elle n'est pas en face de policiers ordinaires.

Elle accepte de nous suivre dans une arrière-salle de café où la conversation s'engage autour d'une table. Se doutant bien de l'objet de notre démarche, elle n'est pas choquée. Dans sa réponse évasive, elle nous fait bien comprendre qu'une « association temporaire » contre l'équipe Rouillan ne saurait se réaliser sans l'aval de ses proches camarades, qu'une décision collective sur le sujet s'impose.

Mon intuition était juste. Une semaine après, Dominique nous donne les renseignements suivants :

a) Le principal lieutenant de Rouillan s'identifie à Carlos Jauregui alias Nounours, transfuge des NAPAP. Il vit avec une fille prénommée Mireille à Vincennes. Dominique ne connaît pas l'adresse exacte mais sait que Mireille est la fille d'un vieil anarchiste espagnol habitant rue Titon, dans le 11e arrondissement.

b) Un autre militant important est Régis Schleicher qui s'est barré du groupe « Camarades » en emportant la caisse.

c) Un second membre des NAPAP a rejoint le groupe récemment. Il s'agit de Trillat (que je connais bien pour l'avoir interpellé avec Christian Harbulot). Il fait équipe avec un prénommé Serge, plus « droit commun » que militant politique.

d) Enfin, un autre inconnu, prénommé Laurent, et sa copine font également partie de la bande. Ses parents ont une maison à Biarritz.

Les renseignements fragmentaires fournis par Dominique sont suffisants pour orienter nos enquêtes. Elles nous conduisent à l'identification de Mireille Munoz, compagne de Jauregui, et à la localisation du domicile du couple, 17 rue Joseph Gaillard à Vincennes. C'est la première piste sérieuse. Par la suite, elle nous mènera à Rouillan.

Quant à Schleicher et Trillat, le premier est toujours incarcéré et le second introuvable. Faute de renseignement complémentaire, Serge et Laurent ne sont pas identifiés.

Bien entendu, sitôt connue, la ligne téléphonique en liste rouge de l'appartement du couple de Vincennes est placée sur écoutes en urgence.

Les premiers résultats

Encouragé par le succès du contact avec Dominique, Jean-Pierre Pochon décide de tamponner le jeune zonard Bébert que nous avions repéré et identifié dans l'environnement d'André Olivier. Sa réaction est toute différente de celle de Dominique.

Fortement ébranlé par notre prise de contact, dans l'angoisse d'être incarcéré s'il ne coopère pas, il se hâte de répondre à nos questions en prenant soin de se démarquer des activités délictueuses d'Olivier.

Il a connu le professeur lyonnais lorsqu'il venait faire de la propagande révolutionnaire dans les cités. Il s'est retrouvé sous son emprise sans pouvoir s'en défaire. Il lui sert de chauffeur et surtout de dépanneur en raison de ses connaissances en mécanique.

Ainsi, il l'a véhiculé dans certains quartiers de Paris et aussi en banlieue, mais sans connaître ses contacts ni les adresses où il se rend. Il se contente d'attendre son retour à l'endroit où Olivier lui dit de patienter.

Bébert se souvient pourtant qu'il a eu l'occasion de rencontrer, dans un appartement de Villejuif, un couple dont l'homme se prénomme Jean-Marc, un ancien compagnon de cellule d'Olivier lorsqu'il était en prison en 1976-1977. Il ne connaît pas l'adresse, mais il pourrait nous y conduire.

C'était courant novembre. Il y avait déjeuné.

André Olivier l'avait guidé, le laissant à la recherche d'une place pour garer son auto, en lui disant de venir le rejoindre au troisième étage de l'immeuble et de frapper à la porte où se trouvent deux paillassons. Il y avait rejoint Olivier, Jean-Marc et la copine de celui-ci. Il se souvient du plat qu'il n'avait jamais goûté : un canard à l'orange cuisiné par la fille.

Durant le repas, personne n'avait parlé de politique. Il n'avait eu accès qu'à la cuisine, les portes des autres pièces étant fermées.

Après ce déjeuner, il a accompagné plusieurs fois Olivier à Villejuif pour y rencontrer Jean-Marc selon le scénario habituel. Olivier s'arrêtait auparavant dans une cabine téléphonique pour annoncer son arrivée. Ils retrouvaient ensuite Jean-Marc sur un parking public situé à cinq cents mètres environ de l'appartement. En sa présence, ils ne parlaient que de banalités. Ensuite, ils s'éloignaient à pied, le laissant poireauter parfois plusieurs heures. Visiblement ils ne lui faisaient pas confiance.

Tout en continuant la conversation, nous nous rendons sur ses indications à l'adresse où il a déjeuné. Il exprime quelques craintes à revenir dans le quartier de peur d'être vu en notre compagnie. Nous localisons l'appartement dans un immeuble de cinq étages comportant quatre escaliers et situé au 166 rue de Chevilly, entrée D.

Nous ne nous attardons pas d'avantage. Sur le chemin du retour, nous lui présentons l'album photographique. Bébert reconnaît sans hésiter Jean-Marc Rouillan, sa copine Nathalie Ménigon ainsi que deux comparses qu'il a vus deux ou trois fois, à savoir Mario Ines Torres et Carlos Jauregui.

Parmi les véhicules qu'il a été amené à conduire ou à réparer, il se souvient d'une GS blanche immatriculée en 69 utilisée par Olivier durant l'été 1979 et d'une 204 rouge en 25.

Mis en confiance et faisant preuve de bonne volonté pour se dédouaner, il nous fait part de quelques remarques et confidences d'Olivier.

Ainsi un jour, en passant devant les locaux de la Sonacotra, au 42 rue de Cambronne, André Olivier lui avait avoué être l'auteur de l'attentat commis le 16 septembre 1979 (revendiqué à l'AFP par les Groupes autonomes pour l'action directe).

Il se souvient aussi qu'en juillet de la même année, Olivier était venu un soir tout guilleret en lui révélant qu'il venait de faire un braquage de 10 briques dans une banque (hold-up du CIC, 6 rue de la Jonquière, le 26 juin 1979, butin de 100 000 francs.)

Il termine enfin en nous affirmant que Jean-Marc et Olivier ont effectué des repérages en vue de commettre un hold-up contre les Assedic, rue Thirard à L'Haÿ-les-Roses. Ce projet n'a pas été concrétisé.

À notre retour de cet entretien si productif, nous identifions rapidement le locataire en titre de l'appartement de Villejuif, un certain Jean-Pierre Gigot, coursier, sans antécédent politique connu, et la ligne téléphonique de l'appartement que nous plaçons immédiatement sur écoutes.

Des premières surveillances visuelles des lieux et des renseignements provenant des écoutes téléphoniques, nous constatons que le couple a quitté l'appartement. Gigot y apparaît parfois, ainsi que sa copine Catherine C..

Jugé peu intéressant au début de l'enquête, Gigot va se révéler, au fil des surveillances, en étroite relation avec deux autres coursiers qui, eux, sont très proches de Rouillan :

– Le Portos ou le Tos, dont la vraie identité correspond à Philippe Desa, d'origine portugaise, que nous logeons dans un appartement situé 13 avenue de Clichy (17e).

– « Mémé », sans autre précision. Il est souvent cité dans les conversations téléphoniques et semble avoir beaucoup d'influence dans le groupe.

VII

Au cœur d'Action directe

Localisation de la planque de Jean-Marc Rouillan et de Nathalie Ménigon

En ce début d'année 1980, les écoutes de l'appartement de Vincennes, de celles de Villejuif et de l'avenue de Clichy commencent à produire. Y apparaissent des prénoms et pseudos qui recoupent nos renseignements tels que Mémé, le Tos et Pascal, mais aussi deux prénoms qui, de prime abord, ne nous disent rien : Vincent et Richard.

Quelques semaines plus tard, les bribes de renseignements complémentaires les concernant, toujours fournis par les écoutes, nous permettent d'identifier sous ces prénoms d'emprunt Serge Fassi et Laurent Louessard, confirmant ainsi les dires de Dominique.

Serge Fassi, clandestin est introuvable. En revanche, nous réussissons à localiser un point de chute occasionnel de Louessard, rue de Vézelay, domicile de ses parents.

La reprise des attentats par le groupuscule durant cet hiver va nous démontrer que nous sommes bien au centre même de l'organisation clandestine.

Ce lundi 11 février, arrivé de bonne heure au bureau en raison d'un attentat commis la veille par Action directe, ma première occupation est de parcourir les transcriptions des écoutes du week-end.

Je suis stupéfié. Hier, dimanche, à 6 h 30, Mireille Munoz reçoit à Vincennes un appel de son copain Nounours qui lui dit : « J'ai attendu que ça fasse du bruit… c'est bon… j'ai laissé des cartes de visite. Tu peux avertir les autres. »

Quelques minutes plus tard, Mireille Munoz compose un numéro de téléphone. La correspondante qui décroche s'enquiert tout de suite de savoir si elle appelle bien d'une cabine téléphonique.

« Oui, oui… ne t'inquiète pas, lui répond Mireille. Je voulais te dire que tout c'est bien passé… il vous appellera plus tard. »

Chère Mireille, paresseuse et menteuse, qui n'a pas voulu quitter son appartement par ce froid petit matin pour avertir sa correspondante d'une cabine téléphonique, tu viens de nous rendre un grand service en nous indiquant bien involontairement la planque de Rouillan et Ménigon.

À la lecture de ces brefs messages, il est évident que Mireille Munoz vient de rendre compte à Nathalie Ménigon de l'attentat commis à 6 heures exactement par son compagnon Carlos Jauregui peut-être aidé par d'autres comparses contre les locaux de la société immobilière de construction, 15 rue Murillo dans le 8e arrondissement.

D'ailleurs, en cours de matinée, plusieurs appels de l'appartement de Vincennes et de celui de Villejuif aux informations téléphonées[1] prouvent que les occupants veulent s'assurer de la publicité de leur action.

Fébrile, j'identifie le numéro en liste rouge utilisé par Ménigon. Il correspond à Jean-Luc Gautri, 52 rue de Ménilmontant (20e). Je me rends illico à cette adresse.

1. Service d'informations par téléphone offert par les PTT de l'époque.

C'est un immeuble parisien vétuste de six étages donnant sur la rue, prolongé d'une petite cour et d'un second bâtiment plus petit de quatre étages. Pas de concierge, une liste incomplète des occupants et une vingtaine de boîtes aux lettres disparates sur lesquelles n'apparaît pas le nom de Gautri. Le service des télécommunications m'a précisé que la ligne correspond à l'appartement situé au rez-de-chaussée droite de l'immeuble sur cour.

En entrant dans ce bâtiment, je remarque sur ma droite une fenêtre donnant sur la cour. Elle doit correspondre au logement concerné. Des persiennes métalliques fermées protègent des regards. Sur la porte, aucune indication. Elle est équipée d'un œilleton.

Je découvre aussi que deux autres fenêtres de l'appartement, fermées également par des volets, donnent face à la cour intérieure de l'immeuble contigu à quelques mètres du mur de séparation. Je compte revenir de nuit dans la cour voisine pour observer par-dessus ce mur.

À mon retour au service, c'est l'euphorie. « On les tient », s'exclame Pochon, qui s'apprête à aller rendre compte à notre directeur.

La demande de mise sous surveillance de la ligne est transmise en urgence. Elle sera opérationnelle dans quarante-huit heures.

Comme envisagé, je me rends le soir même, au moment du journal télévisé dans la cour attenante avec un collègue que j'ai choisi grand et solide.

Il me fait la courte échelle et, les pieds sur ses épaules, je me redresse lentement de façon à ce que mon regard arrive juste à hauteur du faîte du mur. Je suis très prudent car les volets de l'une des fenêtres sont entrouverts et la lumière éclaire violemment le mur.

Je me trouve à trois mètres de l'ouverture qui correspond à la cuisine. La fenêtre est entrebâillée pour aérer vraisemblablement la pièce. Un fumet agréable nous fait saliver. Je connaissais les talents culinaires de Nathalie Ménigon avec son fameux canard à l'orange, mais ce soir je n'ai pas la curiosité de savoir ce qu'elle prépare. Je la vois de près pour la première fois. Elle est assez jolie avec ses cheveux châtains mi-longs. J'entrevois aussi très rapidement Rouillan avec ses fines moustaches.

Malgré ma curiosité, je ne m'attarde pas plus longtemps. Inutile de risquer une imprudence, et mon collègue porteur commence à fatiguer.

Nous sortons discrètement pour nous intéresser à un immeuble, pratiquement en face du 52, que j'avais déjà repéré ce matin comme possible point d'observation. Il est inoccupé car en cours de restauration. Un panneau en façade indique qu'il est la propriété de l'OPHLM de Paris. Dès le lendemain nous prendrons contact avec les responsables de cet organisme.

L'ingérence fortuite et désastreuse de la Brigade de recherche et d'intervention (BRI)

Le responsable HLM que je contacte se montre très coopératif et met à notre disposition un appartement de cinq pièces totalement rénové, situé au cinquième étage, offrant une vue imprenable sur la capitale. J'envie les futurs locataires.

On s'y installe en fin de matinée.

Avant d'organiser un dispositif de filature, je décide que les trois jours à venir seront uniquement consacrés à l'observation des occupants de l'immeuble afin de bien les connaître, se renseigner sur leurs habitudes pour les différencier des éventuels visiteurs du couple. Toutes les personnes entrant et sortant de l'immeuble seront photographiées.

La première journée se termine. Le couple n'est pas aperçu.

La deuxième journée n'apporte rien de nouveau. Rouillan et Ménigon ne se manifestent pas. Se sont-ils absentés ? Une incursion rapide dans leur bâtiment n'apporte pas de réponse. Les volets sont fermés et aucun bruit n'est perçu.

La troisième journée ressemble aux deux premières. Nous commençons à bien connaître visuellement les habitants, à noter leurs manies et leur train-train, mais toujours aucune manifestation de nos objectifs. L'écoute de la ligne téléphonique fonctionne depuis la veille. Elle n'enregistre que deux ou trois appels restés sans réponse.

Manifestement, l'appartement est vide.

Nous commençons à nous interroger sur cette absence et sur ce silence, d'autant que nous observons la même discrétion sur les autres lignes surveillées. Que se passe-t-il ? Pourquoi ce mutisme ?

Nous en aurons l'explication le lundi suivant lorsqu'un fonctionnaire de la Brigade de recherche et d'intervention (BRI) de la police judiciaire de Paris nous contacte. Sa demande de mise sous écoutes de l'un de leurs « clients » vient d'être refusée au motif que cette ligne est déjà écoutée par notre service. Il nous explique comment ses collègues ont été amenés à s'intéresser à un couple non identifié qu'ils ont suivi au 52 rue de Ménilmontant.

Depuis une quinzaine de jours, la BRI s'attache aux basques d'une équipe de braqueurs conduite par Serge Fassi.

Au cours de l'après-midi du lundi 11 février, Fassi et l'un de ses proches, Pascal Trillat, ont rencontré dans un café de la place des Fêtes un couple qui, à l'issue du contact, les a conduits à cette adresse.

Le lendemain matin, alors que nous nous préparons à surveiller les lieux, une équipe de la BRI est déjà en place pour filer le couple et l'identifier. Cette surveillance a dû être détectée, car en fin de matinée l'homme et la femme sont sortis portant quelques paquets, visiblement inquiets et sur leurs gardes, se retournant souvent dans les petites rues qu'ils ont empruntées. Lorsqu'ils ont été certains d'être suivis, ils ont extirpé, sous la menace d'un pistolet, un conducteur de son véhicule, avec lequel ils ont réussi à « s'arracher » et disparaître sans que les suiveurs puissent intervenir.

Ainsi s'expliquent la brusque disparition de Rouillan et Ménigon et le silence persistant sur nos différentes lignes surveillées.

Après ce coup de chaleur, ils doivent se terrer et attendre l'accalmie.

Quelle déveine ! Quelle déconvenue pour nous ! Et que d'amertume après ce coup du sort !

Si près du but, alors que nous avions en main toutes les cartes, nous voyons notre espoir de porter un coup fatal à l'organisation anéanti. Il nous faut remettre l'ouvrage sur le métier.

Le lendemain, j'accompagne Pochon à la BRI. Il s'agit d'accorder nos violons pour éviter que se reproduise une telle mésaventure. Nous partageons nos connaissances sur le dossier.

Les policiers de la BRI, rompus aux affaires de banditisme classique, découvrent cette criminalité politisée à laquelle ils vont devoir faire face avec la multiplication des hold-up et braquages, principaux moyens de financement utilisés par

Action directe. C'est un milieu qu'ils ne connaissent pas du tout et où ils se sentent mal à l'aise. L'actualité les contraint à travailler avec nous sur ce terrain. C'est l'amorce d'une collaboration entre nos services.

Il est décidé que la BRI continue ses surveillances sur l'équipe Fassi-Trillat, l'anneau qui nous faisait défaut, et que nous allons nous tenir régulièrement au courant des développements et résultats de nos investigations respectives.

En ce qui nous concerne, nous levons le pied sur nos surveillances physiques[1] des appartements ciblés pour éviter de nous faire repérer et de leur confirmer ainsi qu'ils sont épiés. Seules sont maintenues les surveillances techniques.

C'est durant cette pause que je découvre Chahine en accompagnant JPP et le collègue qui le traite[2] désormais affecté à la section, à l'occasion d'un contact gare de l'Est. Surprise ! De loin, j'ai l'impression d'avoir une femme devant moi : une longue chevelure brune, bouclée, lui tombe sur les épaules. Il est vêtu d'un manteau de vison féminin lui arrivant à mi-mollet, ouvert sur une chemise blanche non boutonnée qui laisse voir un poitrail velu agrémenté d'une grosse chaîne.

Il me fait penser aux travestis qui s'exposent ainsi, les seins en supplément et les poils en moins, au bois de Boulogne qu'il m'arrive de traverser au petit matin en voiture pour venir travailler.

Son appartement est toujours déserté par les militants d'Action directe. Avec le temps, il se fait fort de renouer avec

1. Surveillances par l'observation, pour distinguer des « surveillances techniques », les écoutes.
2. Son « manipulateur ».

eux. Sur le coup, je pense qu'il bluffe et qu'il veut surtout justifier les défraiements que nous lui versons.

Quelques mois plus tard, il prouvera que je me trompais.

VIII

Les premières arrestations

Au début mars 1980, un mois après l'alerte de la rue de Ménilmontant, les écoutes nous révèlent une nouvelle agitation dans les appartements, comme si les utilisateurs, rassurés de ne pas avoir été inquiétés refaisaient surface et reprenaient peu à peu leurs activités. La ligne de l'avenue de Clichy est particulièrement parlante et l'appartement se révèle être le nouveau lieu de retrouvailles ou de rendez-vous.

Les 10 et 15 mars, Action directe revendique deux attentats à l'explosif, le premier contre la Société anonyme d'économie mixte de rénovation du secteur Plaisance, 6 rue Bardinet (14e), le second contre un immeuble administratif de la DST, 16 rue Rembrandt (17e).

Nous sommes à nouveau au cœur du système. Nous en avons la confirmation durant la journée du 18 mars où nous assistons pratiquement à la préparation d'un autre attentat.

On intercepte en fin de matinée et en début d'après-midi plusieurs messages téléphoniques sibyllins où l'on apprend que « le truc se fera vers 15 h 30 » et « qu'il faut utiliser la grosse voiture immatriculée en 95 ».

Un peu plus tard, un correspondant signale « des mouvements de police du côté de Montparnasse ».

En fin d'après-midi, la préfecture de police nous informe qu'un attentat par mitraillage a eu lieu vers 15 h 45 contre la façade du ministère de la Coopération, 57 boulevard des Invalides. Les premiers témoignages font état d'un jeune couple descendu d'une Mercedes immatriculée en 95, armé de pistolets-mitrailleurs. Il a tiré plusieurs rafales avant de remonter dans la voiture qui a disparu du côté des Invalides.

Le véhicule est retrouvé en soirée, abandonné dans le 7e arrondissement. Il avait été déjà repéré par la BRI pour avoir été utilisé auparavant par l'équipe Fassi-Trillat à l'occasion de repérages de banques.

Notre compte-rendu explicatif provoque une vive réaction aux échelons directorial et ministériel, déjà très sensibilisés par l'attentat par explosifs commis trois jours plus tôt, le 15 mars, contre des locaux de la DST.

Le ministre décide de frapper fort. Le service reçoit comme instruction de se mettre immédiatement en rapport avec la brigade criminelle de la préfecture de police qui se voit chargée d'une vaste opération judiciaire « coup de poing » (perquisitions, interpellations, arrestations) contre les structures connues d'Action directe.

J'accompagne JPP à la réunion du Quai des Orfèvres où nous rejoignent les représentants de la BRI et des Renseignements généraux de la préfecture de police.

Jean-Pierre Pochon et le chef adjoint de la BRI exposent le bilan des investigations menées par leurs services respectifs. Les fonctionnaires des RG-PP font grise mine. Ils sont totalement ignorants de ces événements qui pourtant se jouent sur leur territoire. Ils en sont réduits à écouter, incapables d'apporter la moindre pierre à l'édifice. De ce jour datent cet antagonisme et cette rivalité qu'ils entretiendront à l'égard de la « Centrale »[1] durant plusieurs années.

L'opération est fixée au 28 mars à 6 heures du matin. Les équipes d'intervention seront mixtes (RG-PJ) et conduites pour chaque objectif par un fonctionnaire connaissant bien les lieux et les personnes qui les fréquentent.

Les perquisitions programmées concernent les appartements de Villejuif, de Vincennes, de l'avenue de Clichy ainsi que celui déserté de la rue de Ménilmontant, surveillés par notre section, et un appartement de la rue Desnouettes, ainsi qu'une maison de campagne dans le Loiret, points de chute de l'équipe Fassi-Trillat, repérés par la BRI.

Le rendez-vous est fixé à 4 heures dans les locaux de la Brigade criminelle au 36 quai des Orfèvres.

Le jour J sont interpellés :

- Carlos Jauregui,
- Mireille Munoz,
- Pedro Linarès-Montanes,
- Serge Fassi,
- Pascal Trillat,
- Olga Giroto, nouvelle venue de l'organisation italienne Prima Linea,
- Mohand Hamami dit « Momo », militant anarchiste de la région grenobloise, d'origine algérienne, auteur de plusieurs vols à main armée, qui deviendra par la suite un membre influent d'Action directe,

… et une vingtaine de comparses situés à la périphérie du groupe.

1. Direction centrale des renseignements généraux.

Échappent à cette opération :
- Rouillan et Ménigon,
- André Olivier,
- Philippe Desa,
- Mémé.

Une quinzaine d'armes de poing et de pistolets-mitrailleurs et six cents kilos d'explosifs sont saisis.

Les auditions et interrogatoires ne donnent aucun résultat. Les interpellés adoptent tous la même attitude, consistant soit à observer un mutisme absolu, soit à revendiquer collectivement les actes que nous leur attribuons sans reconnaître leur propre participation individuelle.

Ces jours de garde à vue sont pour nous, hommes du renseignement peu familiarisés à nous retrouver face à face avec nos « clients », l'occasion de compenser cette frustration, de pouvoir les approcher, leur parler. Nos collègues de la PJ nous laissent l'entière liberté d'essayer d'entamer une discussion hors procès-verbal. En général, ces amorces de dialogue ne donnent pas de grands résultats, mais elles offrent l'opportunité de tester les personnalités et de poser des jalons pour l'avenir.

Elles interviennent en fin de procédure, après plusieurs jours de garde à vue, dans une ambiance plus décontractée, une approche et une finalité différentes, agrémentées de quelques cigarettes, cafés ou boissons rafraîchissantes.

Un jeune collègue de mon groupe pousse la civilité un peu trop loin, provoquant un certain affolement Quai des Orfèvres. Un policier de la Brigade criminelle, qui doit encore auditionner Mireille Munoz, vient la chercher dans les « cages » des gardés à vue. Il est surpris de ne pas la voir et s'enquiert de savoir si l'un de ses collègues est venu la chercher. Personne ne l'a vue. Le gardien de la paix préposé à la surveillance des détenus déclare qu'un inspecteur des RG l'a emmenée il y a environ vingt minutes, mais il ignore où elle a été conduite. On fait le tour des bureaux sans la trouver. Stupeur. S'est-elle échappée ?

Tout à coup, on la voit réapparaître en compagnie du jeune collègue, arrivant tous deux de l'extérieur en riant et plaisantant. Ils viennent tout simplement de boire un café à la brasserie Le Soleil d'or située à l'angle du pont Saint-Michel. Bien évidemment, le jeune collègue se fait « remonter les bretelles ». Il tente de se justifier : « Je ne prenais pas grand risque, le café est plein de flics, c'est une annexe de la préfecture de police. »

Comme on le constate, Action directe, bien que démantelée après ces arrestations, est loin d'être anéantie. Ses principaux leaders ont échappé au ratissage. On a relevé des traces de passage du couple dans l'appartement de l'avenue de Clichy, mais son refuge actuel reste inconnu.

Aucune trace non plus d'André Olivier disparu de la rue Jonquoy depuis le début de l'année. Desa serait au Portugal et Mémé n'est toujours pas identifié.

En riposte à ces opérations de police, Action directe signe deux jours tard le plasticage du commissariat Saint-Léon à Toulouse.

IX

À la recherche de Rouillan et Ménigon

Chahine, metteur en scène, réussit à renouer le contact

Comment renouer avec le couple disparu ?

On se pose la question. Tous les points de chute que nous connaissions sont désormais grillés.

Chahine nous fait part à nouveau de son intention de rétablir le contact avec eux. Comment ? Il ne dit mot. Sans doute a-t-il une carte qu'il ne veut pas nous dévoiler. Nous sommes tous dubitatifs, persuadés que son projet est peu crédible.

En attendant, nous orientons nos investigations sur Laurent Louessard, la poire que l'on a gardée pour la soif, en l'excluant de la liste des objectifs à interpeller du mois de mars. On arrive à le « loger » chez sa dernière copine pas du tout politisée, rue Boursault dans le 17e arrondissement.

Il se tient sur ses gardes, menant une vie tranquille comme s'il avait cessé tout activisme.

D'ailleurs, l'été s'annonce calme. Aucun attentat n'est commis.

En revanche, on peut imputer à Action directe diverses attaques à main armée : le 30 mai, contre l'agence BNP, rue La Fayette ; le 5 août, contre la mairie du 14e arrondissement, où ils s'emparent de 150 passeports et cartes d'identité ; enfin le 28 août, contre une agence du Crédit lyonnais, avenue Bosquet.

En ce début juillet, Chahine se manifeste après plusieurs mois de silence. Il nous annonce qu'il va avoir sous peu un contact avec un proche de Rouillan. Il refuse toujours de nous donner des détails sur son mode opératoire en disant « C'est mon affaire ».

Quelques jours plus tard, il nous prévient que le rendez-vous est fixé dans un café des Buttes-Chaumont, que lui-même n'apparaîtra pas, mais qu'il enverra Didier, un jeune qui vit avec lui, un genre de factotum ignorant bien entendu le double jeu de Chahine.

Absent durant la semaine où la rencontre doit avoir lieu, je n'assiste pas à l'entrevue. Mes collègues « couvrent » le contact, prennent des photographies de ce nouvel individu que personne n'a vu auparavant. Il a un physique caractéristique, grand et maigre, qui ne nous aurait pas échappé si nous l'avions aperçu au cours de nos précédentes investigations. La filature amorcée à l'issue de la rencontre est vite abandonnée en raison du comportement très méfiant du personnage. Il s'agit de ne pas griller Chahine, bien que le doute subsiste quant à sa loyauté à notre égard.

Dans le compte-rendu qu'il nous fait, Chahine précise que ce premier contact n'est qu'un préliminaire, que l'envoyé de Rouillan n'a pas donné de nom ou prénom, mais qu'il se manifestera dans deux semaines.

Avec le recul, je me rends compte que Chahine à cet instant avait déjà son idée pour appâter Rouillan. Il a bâti un scénario pour l'attirer, car sinon le second rendez-vous n'avait pas lieu d'être.

Il nous confiera plus tard qu'il avait fait transmettre au leader d'Action directe qu'il pouvait le mettre en contact avec un représentant du terroriste international Carlos, et que celui-ci pouvait lui fournir des armes et des finances.

Tordons le cou à la rumeur répandue par la suite selon laquelle Chahine aurait fait croire à Rouillan que Carlos voulait lui proposer de faire sauter le barrage d'Assouan. C'est tout à fait loufoque, Rouillan n'étant pas si naïf pour envisager ce genre d'exploit avec quelques kilos de dynamite et dans un pays qu'il ne connaissait pas.

Ce début juillet voit aussi la libération de quelques relations des proches d'Action directe en détention préventive depuis le 28 mars, dont Catherine C., la petite amie de Jean-Pierre Gigot, mise en cause bien malgré elle.

Je veux la rencontrer, car elle connaît ou a côtoyé les relations de son copain dans le milieu des coursiers. J'ai l'intention de lui poser quelques questions sur Mémé, l'un des relais non identifiés.

Le lendemain de sa libération, je sonne à la porte de l'appartement de ses parents où elle a déclaré se retirer. Sa mère m'ouvre et après avoir vu ma carte professionnelle, me conduit dans la chambre de sa fille qui vient juste de se lever. Elle m'accueille en chemise de nuit et me reconnaît de suite. Devant un café servi par sa mère, on parle un peu de sa détention, de sa rupture avec son ami et avec la bande des coursiers qu'elle fréquentait.

J'ai sur moi le petit album photographique dont je ne me sépare jamais et que je lui soumets. Elle identifie bien sûr les protagonistes de l'affaire. J'ai ajouté à la collection quelques clichés de l'homme grand et maigre, le contact de Didier. En les voyant, elle s'exclame : « Mais c'est Mémé ! »

J'en reste bouche bée. Ainsi Chahine ne raconte pas d'histoires. Il est crédible si l'envoyé de Rouillan s'identifie à Mémé.

Cerise sur le gâteau, Catherine C. me révèle que Mémé s'appelle Alain Lemée, d'où son surnom.

C'est le moment d'épauler Chahine et de lui accorder toute notre confiance.

À partir de ce jour va se construire le processus qui nous amènera à piéger Rouillan et à l'interpeller avec Ménigon dans des conditions rocambolesques rue Pergolèse deux mois plus tard.

C'est aussi la mainmise de Chahine sur l'opération. Il élabore un scénario, peut-être le plus captivant qu'il ait créé dans sa pseudo-carrière de cinéaste.

Il nous l'impose, en commençant par le casting.

D'abord trouver un policier d'âge mûr, parlant arabe. Il jouera le rôle d'un attaché d'ambassade d'un pays arabe connu pour l'aide qu'il fournit au terrorisme international. Ce diplomate doit pouvoir présenter un lot d'armes diverses et servir d'intermédiaire pour organiser une entrevue avec des membres du groupe de Carlos ou, pourquoi pas, avec Carlos lui-même.

Il se déplacera à bord d'un véhicule haut de gamme équipé de plaques minéralogiques vertes réservées au corps diplomatique, conduit par un chauffeur.

Chahine désire aussi disposer d'une villa dans les environs de Deauville, supposée être la maison de détente et de vacances réservée au haut personnel de l'ambassade. Il y séjournera quelque temps comme invité et il prévoit d'y fixer le prochain rendez-vous avec Rouillan afin d'officialiser ses relations avec le pays arabe en question.

À cet effet, il projette d'organiser une petite réception et demande à ce que nous recrutions pour l'occasion un barman d'origine arabe et parlant la langue pour assumer le service. C'est tout juste s'il n'exige pas que le drapeau du pays flotte sur la villa.

Nous avons un acteur idéal pour le rôle de l'attaché d'ambassade : un commissaire pied-noir chef du service des écoutes au niveau de la Direction centrale des renseignements généraux. Il parle couramment l'arabe. Il nous donne son accord, amusé par ce type de prestation qui le sortira de sa routine quotidienne.

Tandis que nous équipons une Peugeot 604 de plaques minéralogiques diplomatiques, la Comtesse, l'une des inspectrices nouvellement affectées à mon groupe, surnommée ainsi en raison de son allure distinguée et un peu hautaine, de son parler châtié et souvent railleur, s'active au téléphone pour trouver une villa à louer à proximité de Deauville pour la seconde quinzaine d'août et la première quinzaine de septembre.

En prologue, Chahine veut impressionner Didier, le messager et l'intermédiaire avec le groupe Rouillan, en lui présentant le lot d'armes destinées à Action directe. C'est en même temps un galop d'essai pour nos acteurs.

L'armurerie de notre direction nous a préparé un échantillon d'armes de poing : une dizaine de pistolets et de revolvers de divers calibres et trois pistolets-mitrailleurs enfermés dans une caisse en bois.

Le jour prévu, Jean-Claude, un enquêteur de police retenu pour le rôle du chauffeur, au volant de la 604, conduit donc notre faux attaché d'ambassade à proximité du domicile de Chahine. Celui-ci les attend avec Didier dans une petite rue tranquille.

Il a décidé de ne parler qu'en arabe avec le « diplomate ». Le trio examine les armes étalées dans le coffre et Chahine traduit en français à l'attention de Didier leurs caractéristiques techniques qu'il devra transmettre.

Cette entrée en matière satisfait le scénariste. Le but recherché est atteint. Didier est fortement impressionné, au point qu'il a peur désormais et qu'il regrette de s'être embringué dans cette affaire.

L'entrée en scène des principaux acteurs se prépare. Le second rendez-vous avec Mémé est prévu à la fin août. Chahine a donné ses directives à Didier. Il doit transmettre le message suivant : l'attaché d'ambassade désire rencontrer Rouillan ou son mandataire avant de s'engager dans la livraison des armes et d'envisager une rencontre avec un représentant de Carlos. L'entrevue pourrait se faire sur la côte normande du côté de Deauville, dans la villa de l'ambassade où Chahine doit séjourner quelques jours au début de septembre. En cas d'accord, Chahine lui fera connaître la date exacte.

Par prudence, le contact Didier-Mémé n'est pas couvert.

Chahine nous avertit que tout est OK, que le message a été transmis et qu'il faut sans tarder fixer la date de l'entrevue le plus tôt possible pour placer Rouillan devant le fait, l'empêcher de réfléchir.

La fille de Deauville

La rencontre est fixée au samedi 6 septembre à 15 heures, le temps pour la Comtesse de s'engager pour la villa, située en bord de mer à Villerville, près de Deauville, retenue depuis un mois, et d'embaucher en extra un barman arabe auprès de l'ANPE locale. Un Maghrébin nous convient. Il se présentera le samedi matin à la villa pour organiser la réception.

Le mercredi 3, Chahine nous confirme qu'il a fait transmettre l'adresse, la date et l'heure du rendez-vous par son messager et qu'il se rend sur place en train avec sa copine, en début d'après-midi pour s'y installer.

On le retrouvera samedi en fin de matinée.

La grosse inconnue est de savoir qui va se présenter. Combien seront-ils ? Quels moyens de déplacement vont-ils utiliser ?

On pense évidemment à Lemée alias Mémé et aussi à l'assistance d'une éventuelle équipe de protection.

Nous organisons sur Villerville un important dispositif de surveillance. En ce samedi encore estival, il passe relativement inaperçu. On prévoit aussi une camionnette de planque aux abords de la gare SNCF de Deauville. Les horaires des trains peu nombreux ont été étudiés. Inutile de nous perdre en conjectures, soyons patients…

À midi, tout est prêt pour le lever de rideau. Le petit buffet comportant des jus de fruit, du thé à la menthe et des pâtisseries a été dressé dans la salle de séjour par l'extra très stylé dans sa veste blanche.

Dans la cour de la villa stationne ostensiblement la 604 diplomatique.

À 14 h 55, surprise… Une jeune femme aux longs cheveux blonds, vêtue d'un imperméable beige clair, se présente à l'entrée de la villa. On ne l'a pas vue arriver. Peut-être est-elle à Villerville depuis ce matin ? Une chose est sûre, c'est une inconnue.

À Chahine qui la reçoit, elle ne donne pas de nom, mais dit qu'elle est la personne qu'on attend.

Fidèles à leurs personnages et dans le contexte ainsi créé, Chahine et le faux attaché d'ambassade se montrent très distants et ne dissimulent pas leur étonnement et leur désapprobation d'avoir à discuter avec une femme.

L'attaché d'ambassade fait traduire à Chahine qu'une alliance avec le groupe Carlos ne peut s'envisager sans la présence du chef d'Action directe en personne, alliance qui se concrétisera par la remise des armes et de finances.

La fille blonde opine et assure que Rouillan sera présent à la prochaine rencontre. Chahine clôt l'entretien en précisant qu'il fera passer les modalités du prochain contact par le canal habituel dans le courant de la semaine.

Sur ce, « la fille de Deauville » comme on va l'appeler dorénavant, quitte la villa, gagne le centre de la localité où elle prend un taxi pour se faire conduire à la gare SNCF de Deauville.

Elle arrive juste à temps pour prendre un train direct pour Paris sans que nous puissions la photographier. Seule Catherine, une autre inspectrice, d'une élégance aussi raffinée que discrète, et fine observatrice, l'accompagne comme on l'avait décidé dans l'hypothèse où le contact rentrerait par ce moyen de transport sur la capitale.

À nous de gagner rapidement la gare Saint-Lazare afin de les attendre à l'arrivée. Grâce au service central automobile du ministère de l'Intérieur et à son pool de véhicules rapides haut de gamme mis à la disposition des services spécialisés de PJ et RG pour des missions spéciales, nous fonçons à bord de deux BMW 528, compteurs bloqués à 240, gyrophares et avertisseurs deux tons en action, afin de gagner la gare parisienne avant l'arrivée du train.

Malgré une entrée difficile dans Paris en cette fin d'après-midi, nous précédons l'arrivée du train de quelques minutes.

La fille de Deauville s'engouffre dans le métro Saint-Lazare. Elle connaît parfaitement les dédales des couloirs de correspondances et de sorties. Elle exécute plusieurs coups de sécurité classiques[1] pour s'assurer qu'elle n'est pas suivie. Un à un, nous sommes contraints d'abandonner la filature.

Le lendemain, Catherine nous dresse le portrait de la fille qu'elle a eu le temps d'observer durant le voyage. À certains détails que seule une femme peut remarquer chez une autre femme, son allure, la qualité de ses vêtements, leur agencement, son nécessaire à maquillage, Catherine est catégorique quant à l'origine bourgeoise de l'envoyée de Rouillan.

Je recherche vainement dans toute la collection de photographies féminines dont nous disposons si une militante identifiée peut correspondre au portrait.

Le bilan de cette journée normande est mitigé : le seul point positif est l'arrivée de cette nouvelle tête qui, bien que nous la découvrions seulement maintenant alors que nous sommes derrière le groupe depuis bientôt un an, n'est certainement pas une novice pour avoir été choisie pour représenter Rouillan.

Nous sommes plus pessimistes sur l'issue de cette histoire.

D'autres pistes peuvent nous conduire au leader d'Action directe. D'abord Louessard dont le nouveau dispositif de surveillance mis en place récemment commence à fonctionner, puis Alain Lemée dont il reste à découvrir le refuge, et enfin cette fille de Deauville qui devrait bien apparaître dans des fichiers de police.

1. S'engager par exemple dans un couloir désert et faire brusquement demi-tour ou descendre rapidement du métro juste avant la fermeture des portes.

X

L'arrestation de Rouillan et Ménigon

Le piège de la rue Pergolèse

Chahine a perçu le flottement et notre manque de détermination à aller jusqu'au bout de son projet. Il va employer à notre égard la même tactique que celle qu'il a préconisée pour Rouillan : nous placer devant le fait accompli, prétextant l'urgence pour nous empêcher de réfléchir, de prendre du recul.

Dès le lundi soir, il nous informe que Rouillan quitterait dans les prochains jours la France, vraisemblablement pour l'Algérie afin de se reposer.

Si nous voulons poursuivre la procédure engagée, il faut donc programmer la rencontre envisagée avant dimanche prochain, c'est-à-dire dans les cinq jours. Il ajoute qu'il n'est pas sûr de pouvoir rétablir le contact par la suite. Comment savoir s'il ne nous mène pas en bateau, s'il ne nous raconte pas des balivernes pour hâter le dénouement, pour toucher plus rapidement la prime promise pour la neutralisation du chef d'Action directe.

L'arrestation de Rouillan n'a pas d'urgence absolue. Aucun attentat n'a été commis depuis le mois de mars.

Personnellement, je doute que Rouillan envisage de s'expatrier. Son terrain d'action est la France. Qu'irait-il faire en Algérie ? Ou ailleurs ?

Et puis ce projet de rencontre et d'alliance avec le groupe de Carlos doit l'intéresser. S'il désire le mener à bien, ce n'est pas le moment pour lui de s'éloigner de Paris.

Je suis plutôt d'avis de calmer le jeu et d'attendre deux ou trois semaines s'il le faut en nous consacrant à nos nouvelles pistes d'investigation.

C'est au niveau de ma direction que la décision est prise : il faut arrêter Rouillan immédiatement. Chahine a gagné.

On se met de suite à la recherche d'un local où l'ultime réunion sera censée se tenir. Et rapidement, avant la date butoir de dimanche.

On s'oriente sur un quartier calme et peu fréquenté. Un jeune collègue propose l'appartement de l'un de ses amis, souvent en déplacement, qui pourrait le mettre à notre disposition quelques heures. Il est situé au cinquième étage d'un immeuble faisant l'angle de la rue Pergolèse et de la rue Lalo dans le 16e arrondissement, au numéro 62 exactement. Je me rends sur les lieux avec lui. Effectivement, le secteur se prête bien à ce type de rencontre discrète. Un café occupe le rez-de-chaussée. L'appartement est idéalement placé pour surveiller les deux rues du grand balcon.

Devant l'immeuble, en face, se trouve un petit parking souterrain d'où l'on peut observer en toute discrétion de sa rampe d'accès.

Nous montons au cinquième étage. Deux appartements par palier sont desservis par un ascenseur qui s'arrête à mi-étage. Sur la porte de l'autre logement du cinquième, je remarque une plaque sur laquelle est inscrit un nom japonais.

En sortant, nous croisons la concierge. Nous l'avertissons que dans le courant de l'après-midi de samedi, une personnalité officielle sera dans son secteur et que nous aurions besoin de sa loge pendant une heure environ. Elle accepte sans difficulté, d'autant que son local est fermé tous les samedis après-midi.

Le lieu de rendez-vous fixé, il s'agit maintenant d'y conduire Rouillan.

Pour se couvrir, Chahine ne veut pas connaître l'adresse. On décide d'envoyer Jean-Claude au volant de la 604 diplomatique en un point fixé auparavant par Rouillan qui n'aura plus qu'à le suivre jusqu'à la rue Pergolèse où le chauffeur lui indiquera de la main l'immeuble du rendez-vous. Chahine consent seulement à préciser que la rencontre se fera samedi vers 15 heures au cinquième étage de l'immeuble où il sera conduit, chez un Japonais.

Il va transmettre ce message à Rouillan. À lui ensuite de fixer le lieu où il retrouvera la 604 une heure avant le rendez-vous.

Il faut maintenant mettre au point le dispositif d'interception du leader d'Action directe. Beaucoup d'inconnues subsistent, notamment celle-ci : viendra-t-il seul ou accompagné ? Pour s'en assurer, Jean-Claude a pour consigne, une fois le contact établi, de passer obligatoirement sur son itinéraire en un point convenu, l'angle formé par la rue de Castiglione et la rue de Rivoli, où nous serons dans une voiture en stationnement, JPP, Patrice et moi-même, pour observer les personnes qui le suivront.

Comme on décide de réduire au strict minimum nos messages radio par crainte des scanners d'écoute utilisés de plus en plus par nos clients, Jean-Claude doit nous avertir de son arrivée en lançant sur les ondes le message sibyllin suivant : « Ça bourre, ça bourre à la Concorde ». Ensuite, il doit absolument promener ses suiveurs durant un quart d'heure, le temps pour nous de rejoindre le dispositif d'accueil rue Pergolèse.

Nous avons peu d'expérience en matière d'interpellation telle que celle qu'on a projetée. J'ai appris qu'il faut deux conditions réunies pour qu'une interpellation se déroule sans problème : la surprise et le contact.

Ensemble, nous mettons au point un plan d'action respectant ces principes :

- Une équipe de deux observateurs dans l'appartement prêté du cinquième étage dont le rôle est de nous transmettre par radio les mouvements du ou des membres d'Action directe à partir de l'instant où l'entrée de l'immeuble leur sera indiquée par Jean-Claude.

- Une équipe d'intervention dans le parking en face de l'immeuble ; elle a la double mission, d'abord d'avertir la seconde équipe d'intervention en poste dans la loge de la concierge de l'entrée de nos clients, et ensuite de se précipiter aussitôt pour bloquer la porte et participer aux interpellations.

- Une seconde équipe dans la loge qui, au signal radio de l'équipe du parking, surgit du local pour procéder aux arrestations.

- Enfin, installées à la petite terrasse du café, Catherine et la Comtesse surveilleront la rue pour, le cas échéant, pouvoir approcher plus aisément les accompagnateurs éventuels de Rouillan.

Cette tenaille devrait fonctionner. Il est évident que ce scénario ne peut s'envisager que si une ou deux personnes se présentent à l'entrée de l'immeuble. S'ils sont plusieurs et surtout si une équipe de protection reste dans la rue, on avisera.

En tout cas, personne ne doit bouger sans le « top radio » que je donnerai du parking sur injonction de Jean-Pierre Pochon.

Rouillan neutralisé dans le couloir de l'immeuble, nous ferons le point pour éventuellement approcher les personnes qui pourraient l'accompagner. Du point d'observation du cinquième étage, nous devrions les situer facilement.

Tel est le plan d'intervention que nous avons conçu.

La possibilité d'associer la Brigade de recherche et d'intervention et la Brigade criminelle à ce projet a évidemment été évoquée. Nous aurions été dispensés des interpellations. Mais cette hypothèse soulève trop d'objections.

Surtout, nous ne sommes pas certains de la réalisation de notre entreprise. On a si souvent souffert des quolibets de nos collègues de la PJ relatifs à nos tuyaux crevés qu'on veut éviter leurs sarcasmes en cas d'échec. Et bien sûr, quel que soit le résultat, ce serait griller Chahine.

C'est probablement pour cette raison qu'au niveau de notre direction il est décidé de faire le coup en solo.

L'opération débute comme prévu.

Chahine en fin de matinée nous donne l'heure et le point de rendez-vous transmis par Rouillan. Il s'agit du square Sarah Bernhardt dans le 20e arrondissement entre la place de la Nation et la Porte de Vincennes. Notre véhicule doit y être à 14h30. Le chauffeur doit tourner autour du square en attendant qu'on se manifeste.

Jean-Claude s'exécute. Tout à coup, il reçoit des appels de phares d'une 604 grise qui est juste derrière lui.

Il prend la direction du centre de Paris, suivi de près par la voiture. Un quart d'heure plus tard, il s'engage place Vendôme puis dans la rue de Castiglione.

Nous recevons alors son message radio : « Ça bourre, ça bourre à la Concorde ». La circulation est fluide et j'ai juste le temps de descendre de notre auto pour voir passer Jean-Claude suivi de près par la 604 grise.

C'est Nathalie Ménigon qui conduit, avec à la place du passager avant Jean-Marc Rouillan. Ils sont seuls à bord et nous ne remarquons pas de véhicule suiveur. J'ai le temps de relever que Ménigon a coupé ses cheveux mi-court et qu'ils ont une couleur châtain clair. Elle porte un blouson ou une veste de couleur rouge. Rouillan a une veste saharienne beige.

Nous sommes soulagés de les voir seuls. Notre tâche sera facilitée, pensons nous, alors que nous roulons rapidement en direction de la rue Pergolèse. Dix minutes plus tard, nous sommes sur place. Petite déconvenue : le café vient de fermer et nous prive ainsi d'un point d'observation. Nous pouvons utiliser nos postes radio portables en toute sécurité car ils émettent en crypto. J'ai le temps d'informer les équipes du développement de l'affaire et de donner le signalement du couple.

De notre place, juste un peu en retrait de l'entrée de parking, nous voyons arriver notre Jean-Claude. Il marque un temps d'arrêt devant le 62 en pointant son bras en direction de la porte. Rouillan d'un petit signe de la main indique qu'il a compris.

Tandis que Jean-Claude, mission accomplie, poursuit sa route en direction de l'avenue Foch, Nathalie Ménigon tourne tout de suite à droite et s'engage rue Lalo.

Jean-Marc, du cinquième étage, se manifeste par radio pour signaler qu'il a la voiture à vue. Elle vient de stopper à une centaine de mètres de la rue Pergolèse et sa conductrice tente de se garer difficilement à en juger par ses manœuvres.

Jean-Marc, qui n'ose pas trop se pencher par prudence, ne doit pas voir le côté droit du véhicule, et il ne remarque pas que Rouillan a quitté la 604 avant les manœuvres et qu'il se dirige à grands pas dans notre direction.

Tout à coup, il débouche de la rue Lalo et entre sans hésiter au 62.

Surpris de cette arrivée non annoncée, je n'ai pas le temps de donner le top à l'équipe de la loge.

JPP, René et moi pénétrons discrètement à sa suite quelques secondes après. Le chef du groupe de la loge entrouvre la porte et nous chuchote qu'un homme vient juste de s'engager dans l'escalier sans allumer. Il n'a pas reconnu Rouillan et s'étonne de notre silence radio.

Je n'ai pas le temps de lui expliquer la situation. Je vois que l'ascenseur est au rez-de-chaussée. Je murmure à René : « Viens avec moi, on va le bloquer là-haut ! »

Jean-Pierre Pochon intervient :

« Non, c'est trop risqué.

– Mais non, lui dis-je, on a encore le temps de le surprendre. »

Et sans attendre nous nous précipitons dans l'ascenseur.

La cage monte trop lentement à notre goût. Nous avons sorti nos armes et lorsqu'elle s'arrête entre le quatrième et le cinquième étage, nous bondissons.

Rouillan est en discussion avec le Japonais et, dans le même temps, Jean-Marc et l'autre collègue sortent de l'appartement. Jean-Marc, en nous voyant grimper les quelques marches de l'escalier qui nous séparent de Rouillan, pistolet en main et gueulant « police », comprend vite la situation et a le bon réflexe de se précipiter sur Rouillan et de le plaquer contre le mur, tandis que le Japonais pensant sans doute à une agression repousse brutalement sa porte. Plus tard, nous viendrons nous excuser et lui expliquer brièvement la situation qu'il ne saisira pas bien car il parle et comprend mal notre langue. J'aurais pourtant été curieux de savoir ce qu'avait bien pu lui dire le chef d'Action directe.

Rouillan n'a pas eu le temps de réagir. On le menotte et on le fouille. Il est armé d'un colt 45. Pour plus de sécurité, je me menotte à lui avec une seconde paire.

Jean-Marc, son portable à la main, envoie le message radio à l'attention de JPP : « C'est bon, l'objectif est neutralisé, nous descendons ». Tandis que nous nous engageons dans l'escalier, il ajoute : « Vous pouvez y aller ».

Aller où ? Je ne comprends pas ce que Jean-Marc veut dire. Peut-être a-t-il eu un échange radio avec JPP pendant que nous étions dans l'ascenseur, me dis-je. Je n'ose pas le questionner en présence de Rouillan. Je pense avoir une explication lorsque nous retrouverons les autres dans la loge pour faire l'examen de la situation et mettre au point le mode opératoire pour interpeller Ménigon.

Comme je suis le seul à bien la connaître, j'ai déjà en tête le projet de sortir de l'immeuble accompagné de mes deux collègues féminines afin de la repérer et de voir de quelle façon on peut l'approcher et l'arrêter.

En arrivant au rez-de-chaussée, je vois la porte de la loge grande ouverte ainsi que celle de l'immeuble. La loge, le hall sont déserts. Ils sont tous partis, mais partis où ?

C'est alors que nous entendons les premiers coups de feu tout proches. Je pousse Rouillan dans la loge tandis que mes collègues se précipitent dans la rue.

Je perçois encore quelques détonations plus éloignées, puis le bruit caractéristique d'un moteur de voiture en surrégime suivi de nouveaux coups de feu très proches, accompagnés d'un bruit de tôles et de vitres brisées comme s'il y avait eu un accident.

Je suis figé d'inquiétude… Que se passe-t-il ?

Rouillan est comme fou et répète : « Si vous tuez Nathalie ! Si vous tuez Nathalie ! »

J'ai du mal à le contenir. Heureusement que je suis menotté à lui.

Un collègue du parking arrive ; il me rassure tout de suite :

« C'est la merde, on a tiré sur une voiture. Les deux occupants n'y sont pour rien ; ils ne sont que légèrement blessés.

– Et Nathalie ?

– Ça va... elle a été arrêtée avenue Foch. Ils reviennent ici. »

Arrivent alors derrière lui deux hommes d'environ 30 ans. L'un a une balle fichée dans la pommette gauche, il saigne un peu et tient son mouchoir sur sa joue. L'autre a une balle logée entre le radius et le cubitus de l'avant-bras et il se plaint d'une douleur à l'épaule gauche que l'on met à nu, pour découvrir une énorme ecchymose dissimulant une fine fente de la peau qui s'est refermée après le passage du projectile. Lorsqu'on l'entrouvre, on distingue bien le métal luisant de la balle qui n'a pas pénétré profondément. Heureusement que les munitions dont nous disposons aux RG sont en général des munitions d'exercice, faiblement puissantes, ne causant pas des blessures semblables à celles occasionnées par les armes sophistiquées de la police judiciaire.

Le commissariat central du 16e arrondissement est aussitôt alerté. En attendant les fourgons de police secours, nous pansons sommairement les blessures à l'aide de la trousse à pharmacie de la concierge.

Une méprise est à l'origine de cette bavure. Certains collègues ont cru que Nathalie Ménigon était montée dans cette voiture et ont ouvert le feu, blessant le conducteur et son passager.

À cet instant, j'entends de la rue la voix de Ménigon qui crie : « Je suis Action directe ! » avant qu'on la fasse entrer dans un de nos véhicules garés dans le parking.

JPP nous rejoint dans la loge. Son visage est blême et tendu.

Nous n'avons pas le temps d'échanger quelques mots, les cars de police arrivent, ainsi que les collègues de la Brigade criminelle. Les blessés sont conduits à l'hôpital et nous accompagnons le couple Rouillan-Ménigon Quai des Orfèvres.

Durant le trajet, après avoir fait le point avec JPP et les principaux chefs de groupe, je peux reconstituer comme suit le déroulement des événements qui ont suivi l'interpellation de Rouillan.

La bavure

Après avoir reçu le message radio de Jean-Marc précisant « Vous pouvez y aller », message qui m'avait surpris et que je n'avais pas compris, Jean-Pierre Pochon décide d'aller à la voiture rue Lalo en ignorant l'endroit exact où elle est stationnée. Je ne m'explique encore pas sa décision d'intervenir de cette façon, sans savoir où se trouve Ménigon et contrairement à ce que nous avions programmé, c'est-à-dire de s'accorder une pause d'observation et d'agir ensuite en conséquence.

Les voilà partis, flamberge au vent, l'arme à la main, certains avec le brassard de police au bras. Paulo, un jeune collègue de mon groupe, dit à Pochon :

« Vous avez vu la fille sur le trottoir d'en face qui vient de nous croiser, elle correspond au signalement donné par Serge !

– Allez voir ! » lui répond JPP en continuant son chemin.

Paulo fait demi-tour. La fille est à une dizaine de mètres. Elle a accéléré le pas à la vue des policiers et arrive à l'angle de la rue Lalo et de la rue Pergolèse. En tournant à droite en direction de l'avenue Foch, elle se retourne et se rend compte qu'on la suit. Elle fouille dans son sac qu'elle a tiré sur son ventre. Paulo presse l'allure pour la rattraper. Il est à deux mètres d'elle lorsqu'elle fait volte-face une arme à la main. Elle tire plusieurs fois en pointant son arme vers les pieds de Paulo puis elle se met à courir se retournant et tirant au jugé. Paulo riposte.

À ce moment arrive à leur hauteur une Porsche blanche dont les occupants assistent à l'échange de coups de feu. Le conducteur prend peur et recule à toute vitesse, d'où ce bruit de moteur en plein régime que j'ai entendu de l'escalier.

Aux premières détonations, l'équipe qui se dirige vers la 604 réagit. JPP et Patrice, les plus rapides, reviennent sur leurs pas en courant. Rue Pergolèse, ils voient Ménigon poursuivie par Paulo, à l'angle de l'avenue Foch. Ils entrevoient aussi la Porsche mais ils s'en désintéressent à juste titre. Ce n'est pas la réaction des retardataires, qui eux n'ont pas vu Ménigon et Paulo, ni celle de Jean-Marc et René, mes accompagnateurs, qui sortent à ce moment-là de l'immeuble.

Ils ne voient que cette auto blanche qui recule sur eux à vive allure. Ils sont persuadés que la fille est à l'intérieur et tente de s'échapper.

Qui tire le premier ? On ne le saura pas. Tous ceux qui ont tiré, trois ou quatre, l'ont fait par automatisme, en entendant les coups de feu, sans avoir une nette perception de la situation.

Le chauffeur, touché, perd le contrôle de son véhicule qui heurte violemment l'angle du mur de l'entrée du parking. Les portes sont bloquées. Par les vitres qu'ils achèvent de briser, mes collègues extirpent *manu militari* le chauffeur et un passager stupéfaits de ce qui leur arrive. Là, nos policiers réalisent qu'ils ont commis une très grave bévue.

Pendant ce temps, Ménigon s'est engagée avenue Foch. À droite, à une vingtaine de mètres, des photographes font le pied de grue devant l'une des résidences de la famille Grimaldi de Monaco, attendant probablement l'arrivée ou la sortie de l'une des princesses.

Ménigon s'engouffre dans la Renault 5 de l'un des photographes. Heureusement pour nous, il a retiré les clés et elle ne peut démarrer. Elle tire encore une ou deux fois et veut réapprovisionner son arme. Elle doit mal introduire le nouveau chargeur, car l'arme se bloque. Elle jette son pistolet, un colt 45, par la vitre ouverte, et sort de l'auto en levant les bras.

Elle est alors neutralisée par Paulo qui la tient par le cou.

Quel scoop pour les photographes sur place qui mitraillent l'arrestation de Nathalie Ménigon ! Les photos feront la une de *Paris Match*.

Les deux véhicules sont remorqués dans la cour du 36 quai des Orfèvres. À l'intérieur de la 604, sous le siège avant du conducteur, on découvre un autre pistolet de calibre 11.43, leur arme de prédilection semble-t-il.

Pendant quelques jours, la Porsche sera l'attraction pour les policiers du « 36 ». Les deux blessés, largement indemnisés par le ministère de l'Intérieur, ne porteront pas plainte et préserveront leur anonymat.

En 1980, c'est encore la Cour de Sûreté de l'État qui est compétente pour la répression des actes terroristes et donc pour celle des infractions attribuées à Action directe.

La garde à vue des personnes arrêtées dure six jours. Nous avons le temps de collaborer avec nos collègues de la Brigade criminelle, de leur fournir des informations, des détails qu'ils ne connaissent pas ou mal.

J'assiste la plupart du temps aux auditions de Rouillan et de Ménigon. Il n'en résulte rien. Ils appliquent leur tactique de militants révolutionnaires. Ils se bornent à revendiquer collectivement les faits qui leur sont reprochés en refusant de désigner nommément les auteurs.

Les interrogatoires sont donc vite expédiés, mais ils sont nombreux, car il faut entendre séparément chaque interpellé pour chaque infraction.

Je préfère discuter avec Rouillan hors procédure. Lui aussi d'ailleurs. C'est le jeu du chat et de la souris : tenter de recueillir quelques renseignements sans se dévoiler. Cela me coûte une cartouche de Gauloises, car son argent a été saisi et il ne peut rien acheter.

L'ambiance est bon enfant. On est loin de celle que j'ai vécue lorsque j'ai assisté aux interrogatoires des quatre terroristes allemandes de la RAF interpellées à Paris le 5 mai 1980 par la PJ. À chaque question des policiers, elles leur crachaient à la figure, le visage déformé par la haine.

Avec Rouillan, on parle de tout et de rien, de sa jeunesse, de ses études abandonnées, de ses deux enfants[1] qu'il ne connaît pas ou si peu.

J'essaie de le raisonner, de lui faire comprendre que la voie violente dans laquelle il s'est engagé est sans issue, que ses bombinettes symboliques seront vite inopérantes, qu'il sera contraint à l'escalade, qu'au pire il sera abattu au cours d'un hold-up, qu'au mieux il finira ses jours en prison.

Mais c'est en vain. Je le fais rire. Enfermé dans son idéologie, il ne veut rien entendre.

1. Pascal et Élisa, nés respectivement en 1974 et 1978, qu'il a eus avec Nicole Entremont.

Ménigon est tout aussi butée. Entre les interrogatoires, détendue, elle a une attitude plus agréable.

Nathalie et Paulo, après avoir failli s'entretuer, sont presque devenus comme de bons amis. Il ne l'a pas chargée lors de sa déposition en reconnaissant qu'elle avait tiré pour le dissuader de la suivre. Une balle était passée près pourtant, trouant en deux endroits son pantalon à hauteur de la cheville. Il est évident que, lorsqu'elle se retourne, à un mètre de distance, si elle avait voulu lui tirer en pleine poitrine, avec un tel calibre, il ne serait plus là.

Inversement, Paulo en ripostant aurait pu la blesser ou la tuer s'il en avait eu l'intention.

Je pense que par leur convivialité, ils s'expriment une reconnaissance réciproque. Celle-ci se manifestera encore quelques mois plus tard, à l'occasion de la reconstitution, à laquelle je n'assiste pas, de la fusillade de la rue Pergolèse.

Mon chef, Pochon, est revenu très en colère de cette reconstitution, furieux contre mon jeune collègue Paulo.

« Vous vous rendez compte, me dit-il, le visage livide. Quand Ménigon est arrivée sur les lieux entre deux gendarmes, ils se sont embrassés devant tout le monde : juge, policiers et avocats. Le scandale, c'est inadmissible ! »

Je lui ai répondu, en souriant bien sûr, que c'était une affaire intime entre eux et que cela ne nous concernait pas.

Et Chahine ? Dans quel état est-il après ce presque succès auquel il a fortement contribué ?

Il est tranquille et n'est pas inquiet. Il se fait fort de répondre à toute suspicion à son égard, victime au même titre que Rouillan du double jeu du diplomate.

Pour accréditer cette thèse, il faut qu'il disparaisse quelque temps pour montrer qu'il craint d'être arrêté.

Deux jours après l'opération de la rue Pergolèse, le lundi matin, je lui fixe rendez-vous dans les toilettes de la Maison de la radio, à proximité de l'accueil, afin de lui remettre un rouleau de billets de 500 francs, 30 000 francs[1] au total pour qu'il se mette au vert durant quelques semaines.

Je présume que cette somme est un acompte sur la prime qu'il doit toucher. Je n'en connaîtrai jamais le montant ni à quel moment et par qui elle lui a été remise.

Je n'aurai plus l'occasion de le revoir.

Les interpellations de Laurent Louessard et de Maria Arago-Altur

Au quatrième jour de garde à vue du couple Rouillan-Ménigon, n'ayant recueilli aucun renseignement susceptible de nous indiquer leur planque ou de nous conduire à Lemée ou à la fille de Deauville, nous décidons d'interpeller Laurent Louessard qui, rappelons-le, nous a été balancé par Dominique.

C'est un personnage énigmatique, sans antécédent connu, dont on connaît mal le cheminement politique. Grâce aux écoutes téléphoniques, nous sommes certains qu'il a rejoint les rangs d'Action directe dès sa création sous le pseudonyme de Richard, mais en conservant une certaine distance, une indépendance qui se confirme dès le début de l'été 1980, lorsque nous réussissons à le situer chez sa dernière petite amie, Alice, rue Boursault dans le 17e arrondissement, et à le placer sous surveillance.

1. Environ 4 500 euros.

Il mène une vie discrète, faisant quelques apparitions au domicile de ses parents et dans la résidence familiale de Biarritz. Au début du mois de septembre, nous sommes surpris de le voir se rendre régulièrement au lycée Carnot, boulevard Malesherbes, où il est surveillant. On commence à douter de son appartenance à Action directe. Aurait-il raccroché ?

Nous avons identifié et localisé son ancienne petite amie, Maria Arago-Altur, avec laquelle il est toujours en contact. Bien qu'inconnue des Renseignements généraux, on devine pourtant à la teneur de ses conversations avec Louessard, à leurs sous-entendus, qu'elle est ou qu'elle a été impliquée avec son ancien compagnon dans les affaires d'Action directe. Elle aussi a trouvé un emploi et vit ouvertement avec un nouveau copain dans le 18e arrondissement.

Le 18 septembre, Laurent Louessard et Maria Arago-Altur sont interpellés par notre service et conduits dans les locaux de la Brigade criminelle. Alice est, elle aussi, arrêtée. Nous savons qu'elle n'est pas du tout impliquée dans les activités militantes de son ami.

Les perquisitions de leurs divers points de chute sont négatives.

Louessard, par amour pour Alice et pour éviter qu'elle reste trop longtemps en garde à vue, nous donne en échange la ferme de l'Ardèche où une tonne d'explosifs sont retrouvés. Il garde le silence sur ses activités subversives.

Arago-Altur est plus causante. Elle a été acceptée dans le groupe uniquement parce qu'elle vivait avec Louessard. Elle nous détaille l'épreuve instaurée par Rouillan pour déjouer toute tentative d'entrisme de la part de la police, qu'elle a dû subir. Le test consiste pour tout postulant à participer à un hold-up.

Ainsi, le 8 août 1979, elle s'est retrouvée pour la première fois de sa vie un pistolet à la main, sans en connaître le fonctionnement, pour accompagner Louessard, Rouillan et Ménigon dans le braquage de l'agence BNP avenue de Villiers.

La mise en sommeil d'Action directe

Le 19 septembre 1980, les quatre membres d'Action directe sont déférés devant la Cour de Sûreté de l'État. En réaction, des militants qui n'ont pas été inquiétés tirent le même jour des rafales d'armes automatiques contre la façade de l'École militaire pour bien signifier que l'organisation n'est pas détruite. C'est l'ultime opération de l'organisation avant sa mise en sommeil jusqu'au printemps 1981.

À la suite de cette arrestation mouvementée amplement relatée et commentée par les médias, la section recherches de la Direction centrale des renseignements généraux sort de l'anonymat, notamment *via* un article élogieux du journaliste Georges Marion dans *Le Nouvel Observateur* du 20 septembre 1980.

Puis d'autres actions terroristes sanglantes comme l'attentat de la synagogue de la rue Copernic attribué dans un premier temps à l'extrême droite, font un peu oublier Action directe.

Au début de l'année 1981 s'ouvrent deux autres fronts de combat. L'un apporte son soutien à l'Armée secrète arménienne de libération de l'Arménie (ASALA), auteur de plusieurs attentats meurtriers contre les représentants et les intérêts turcs de la capitale. L'autre, pro-indépendantiste, est l'œuvre du Groupe de libération armée (GLA), signataire de plusieurs actions en Guadeloupe et à Paris.

Pour faire face à ces nouvelles formations subversives, la direction centrale réorganise notre section, pratiquement orientée jusqu'alors sur la lutte contre Action directe, en la scindant en deux groupes, avec pour chacun des objectifs bien précis.

Je conserve bien entendu, avec une partie de l'effectif, ma compétence sur l'activisme d'ultragauche en France, compétence que l'on élargit au niveau européen en raison des contacts et des liaisons mis en exergue à l'occasion des dernières arrestations et perquisitions, non seulement au niveau doctrinal mais aussi au plan opérationnel.

L'autre groupe, dont l'animation est confiée à Jean-Marc, prend en charge les autres manifestations violentes. Il se spécialisera rapidement sur l'ASALA.

XI

Action directe et l'arrivée de la gauche au pouvoir

La période ouverte d'Action directe

Les programmes des candidats à la prochaine élection présidentielle s'esquissent dans les divers partis politiques au cours de l'hiver 1980-1981.

L'annonce de la dissolution de la Cour de Sûreté de l'État[1] figurant dans le programme du candidat de la gauche, François Mitterrand, retient particulièrement notre attention, car elle concerne le sort des membres d'Action directe emprisonnés qui attendent d'être jugés.

Dans les milieux extrémistes de gauche, une campagne de soutien aux militants emprisonnés commence à prendre forme. Un Comité unitaire pour la libération des prisonniers politiques voit le jour. Il exige carrément l'élargissement des membres d'Action directe et des autres militants révolutionnaires détenus.

Des actions spectaculaires de soutien sont organisées à partir du mois de juin à l'annonce des mesures d'amnistie consécutives à l'élection de François Mitterrand, telles que le vol du véhicule de Lionel Jospin, un sit-in devant l'Élysée

1. Juridiction d'exception créée en 1963 pour juger les crimes et délits, tels l'espionnage et le terrorisme, portant atteinte à la Sécurité de l'État.

et des occupations d'établissements comme le restaurant La Tour d'argent, l'AFP et *Le Quotidien de Paris*. Elles s'étaleront jusqu'en septembre, jusqu'à la libération de tous les militants qui auront bénéficié soit des mesures d'amnistie du 15 juillet 1981, soit de grâces présidentielles individuelles, soit de dispositions motivées pour raisons médicales.

Dans ce marchandage douteux, le nouveau pouvoir espère que ces contestataires abandonneront la lutte armée. Bien peu le feront. Une demi-douzaine d'entre eux saisira cette opportunité pour se ranger.

Sous l'impulsion des principaux leaders libérés, le groupe Action directe se reconstitue dans le courant de l'été et de l'automne au sein d'une nouvelle organisation unitaire rassemblant toute l'ultragauche, l'Organisation communiste combattante (OCC) qui s'exprime dans la nouvelle revue *Rebelles*, animée par une militante anarchiste notoirement connue, Helyette Bess, responsable de la librairie *Le Jargon libre*, 6 rue de la Reine-Blanche dans le 13e arrondissement.

Rebelles devient, pour un temps, la publication où vont s'exprimer les membres d'Action directe. La bienveillance de la gauche à leur égard ne les incite ni à plus de modération dans leurs écrits, ni à remettre en question leur option pour la lutte armée, fustigeant le nouveau « pouvoir social-démocrate ». Quelques extraits sont significatifs :

« Nous devons frapper ces soldats du capital, nous devons frapper cette vermine aux jambes et à la tête. »

« Contre les charognards et les chiens, développer la lutte armée, frapper sans trêve tous les éléments des troupes de l'État. »

« Pour que les tortionnaires emmerdeurs, spécialistes en tabassages, emmerdeurs professionnels, porcs en tous genres ne continuent pas à s'abriter derrière le silence organisé, il faut dénoncer à la revue, chaque chien de garde se faisant remarquer par son zèle répressif, en donnant les noms et autres caractéristiques des flics, juges, procureurs, directeurs, matons les plus répressifs – chaque porc sera dénoncé personnellement. »

« Les porcs auxquels les élections ont permis de récupérer la belle couleur rose qui leur est naturelle [...] nous n'avons rien à quémander à l'État dont nous ne reconnaissons pas la légitimité. »

« Nous voulons une société communiste, c'est-à-dire la destruction de la société capitaliste basée sur des rapports marchands de salariat [...]. Pendant deux ans nous avons lancé un processus de lutte armée communiste en France. Pendant la période des élections, nous n'avons pas voulu jouer le rôle de provocateur utilisé par la chute giscardienne. Mais notre action a continué, nos structures se sont maintenues, aujourd'hui, elles se maintiennent encore. Nous maintenons une politique révolutionnaire. »

Action directe fait aussi connaître sa nouvelle doctrine « Pour un projet communiste » où sont définis quatre axes d'intervention : l'impérialisme français, l'emploi et la croissance, le logement et enfin l'impérialisme américain.

D'une façon plus concrète, l'organisation adopte une nouvelle stratégie qui s'appuie sur une lutte politique ouverte et momentanée afin d'élargir sa base (création et gestion de squats, soutien aux travailleurs immigrés d'origine turque notamment par la réalisation d'ateliers de confection, développement de la propagande par un projet de radio libre).

Parallèlement au développement de la lutte politique au sein de structures officielles, Action directe s'attache à reconstituer, conformément aux déclarations de Rouillan (*Libération*, 2 décembre 1981) : « Je suis membre d'une organisation politico-militaire dont certaines structures sont clandestines », son infrastructure militaire démantelée au cours de l'année 1980.

Déjà, dès le printemps 1981, ses quelques membres qui ont échappé aux arrestations réapprovisionnent les caisses. Ils sont soupçonnés d'être les auteurs des hold-up du 15 avril contre deux agences bancaires de la rue La Boétie et de la place des Ternes, braquage au cours duquel le gardien de la paix Jean-Pierre Olive est abattu.

Autour du noyau dur originel apparaissent de nouvelles têtes venues des milieux autonomes comme Michel Azeroual, Pascal Magron, Olivier Chabaud, Mohand Hamami et Charles Grosmangin.

Ils se retrouvent tous dans un pavillon squatté de la villa Poissonnière en plein quartier Barbès. C'est une petite ruelle piétonne débouchant rue Polonceau et rue de la Goutte d'Or, impossible à surveiller en raison de sa situation et de la population du quartier où les flics sont vite repérés.

La veille de Noël 1981, Action directe reconstituée se manifeste pour affirmer sa potentialité et donner un coup de semonce au pouvoir en place, en commettant quatre attentats par explosifs contre des établissements de luxe représentant la société de consommation : le magasin de jouets Le Train bleu, avenue Mozart ; le magasin de vêtements Burberry's, rue de Rennes ; les établissements Rolls-Royce ; et le restaurant Bofinger à la Bastille.

La récupération du trésor de guerre des ex-GARI

Nos diverses investigations du printemps 1980 sur Action directe nous amènent à retrouver incidemment Raymond

Delgado et Floréal Cuadrado, deux anciens compagnons de Rouillan à l'époque des GARI, deux des principaux auteurs présumés du hold-up de Condé-sur-l'Escaut commis le 28 août 1979 et qui leur a rapporté 16 millions de francs.

Après l'autodissolution des GARI, ces deux Toulousains se sont fixés à Paris où durant quelques mois on les retrouve dans les milieux activistes autour des Noyaux armés pour l'autonomie populaire.

Ils ne s'engagent pas, à l'exemple d'autres condisciples toulousains comme Rouillan, Ines Torres ou Camilleri, dans les rangs d'Action directe et ils se tiennent de plus en plus à l'écart du monde militant.

Nous les perdons ainsi momentanément de vue avant de les resituer dans leurs domiciles parisiens respectifs, et de les prendre en surveillance durant cette période d'accalmie du printemps 1981. Nous découvrons qu'ils vivent en semi-clandestinité, sans activité professionnelle et qu'ils fréquentent peu les militants de la nouvelle formation d'ultragauche, l'Organisation communiste combattante.

Ils vivent dans l'aisance. À plusieurs occasions, nous observons qu'ils règlent des achats avec des billets de banque de 500 francs flambant neufs.

Ils sont souvent en compagnie d'un Allemand que nous ne connaissons pas et qui loge clandestinement dans un studio du boulevard de la Bastille dans le 12e arrondissement.

À ce stade des recherches, au début du mois de juin, des collègues du service régional de police judiciaire de Lille nous contactent par l'intermédiaire de la Brigade criminelle. Ils ont appris que nous avions localisé Delgado et Cuadrado qu'ils recherchent toujours dans le cadre de l'affaire de Condé-sur-l'Escaut.

On ne se fait pas prier pour leur donner les renseignements qu'ils désirent. C'est une façon pour nous de clore le sujet pour mieux nous consacrer à Action directe.

Quelques jours plus tard, nous les assistons dans leurs opérations.

Delgado, Cuadrado et quelques comparses sont arrêtés. J'ai toujours en mémoire cette réflexion de Cuadrado, dans la voiture qui nous conduit Quai des Orfèvres. Il ne cesse de maugréer : « Putain ! et c'est la gauche au pouvoir ! », comme si on venait de lui jouer un mauvais tour.

Les perquisitions dans les trois appartements nous réservent une bonne surprise : les saisies de vingt et une armes de poing, cinq pistolets-mitrailleurs, six fusils à canon scié, des munitions en nombre, un important matériel de faussaire et environ 3 millions de francs provenant du hold-up de Condé-sur-l'Escaut.

À l'instar des autres détenus « politiques », ils bénéficieront de la bienveillance du pouvoir et recouvreront la liberté à l'automne.

L'assassinat de Chahine

En ce mois de mars 1982, relativement calme en ce qui concerne l'activité d'Action directe qui n'a pas renouvelé ses exploits de fin d'année, la nouvelle me tombe dessus.

C'est le dimanche 14, en début de soirée. Jean-Pierre Pochon appelle chez moi et me dit d'une voix étranglée : « Ils ont tué Chahine… ! » Je ne sais que répondre. Il me répète : « Ils ont tué Chahine… Hier soir vers 20 heures… À son domicile… Deux cartouches de chevrotines ! La Crim'[1] vient

1. La brigade criminelle de la préfecture de police.

de me prévenir. On se retrouve demain à 9 heures Quai des Orfèvres ».

On savait que Chahine, suspecté déjà depuis l'affaire du tableau *L'Escamoteur* puis dans la souricière de la rue Pergolèse, aurait à se disculper devant les autres. Il avait repris une vie normale après quelques semaines d'absence pour ne pas les conforter dans leurs soupçons. Il nous disait : « J'attends... ils ne peuvent rien prouver. »

Chahine était loin de penser qu'il serait trahi par un jeune inspecteur de police de mon groupe. Oh ! un jeune policier plein d'allant lorsqu'il arrive à la section dans le courant de l'année 1976, je crois.

Très volontaire, j'avais remarqué qu'il avait tendance à vouloir dépasser les bornes légales du métier. Il avait aussi une forte propension à parler à tort et à travers des diverses activités d'ordre confidentiel auxquelles il avait participé ou dont il avait eu connaissance à notre contact. La principale qualité pour un homme des RG est de savoir tenir sa langue.

J'avais dû intervenir à plusieurs reprises et le rappeler à l'ordre. Était-ce de la provocation ? Se sentait-il protégé, couvert ? Avait-il une mission ?

Il faisait état de relations notamment dans le monde journalistique de la presse de gauche. Était-il une taupe d'un parti de l'opposition ?

Très peu de temps après l'arrivée de la gauche aux affaires, dans le courant de l'année 1981, il a été affecté à l'Élysée, à la présidence de la République... Ce qui n'est pas offert au fonctionnaire lambda.

Savez-vous comment l'appelait la « Mamma » d'Action directe, Helyette Bess ? Le « copain national ».

Je ne l'ai pas inventé, c'est dans une conversation téléphonique enregistrée qu'elle a eu juste après l'exécution de Chahine. Elle est catégorique quand elle dit à son interlocuteur au sujet de Chahine : « Nous avions confirmation par le “copain national”, tu sais ! le flic de l'Élysée, qu'il émargeait depuis plusieurs années aux RG. Il a même précisé qu'il était déjà la balance pour le tableau… »

La transcription de cette écoute, transmise par Pochon à notre nouveau directeur central des RG pour lui montrer qui était la « balance » a disparu. Un hasard ?

Joseph Tournel sera également dénoncé comme informateur patenté.

Le directeur adjoint des RG de l'époque sera accusé d'avoir fait disparaître des dossiers le lendemain de l'élection du nouveau président de la République François Mitterrand.

Moi-même, mis en cause par le « copain national » pour avoir « enquêté » sur l'ancien premier secrétaire du Parti socialiste, devrai me justifier le moment venu.

L'exécution de Chahine a été froidement préparée. D'abord la date, un samedi 13 qui rappelle le samedi 13 septembre, jour de l'arrestation de Rouillan et Ménigon, rue Pergolèse. Puis le tueur a observé de l'extérieur, par la grande baie vitrée, et a attendu que la compagne de Chahine monte vers 19 heures dans la chambre à coucher située en mezzanine avec son bébé, pour se présenter à la porte d'entrée et sonner. Pourquoi Chahine a-t-il ouvert sans se méfier ? Attendait-il une visite ? Il préparait tranquillement son tiercé du lendemain. Quand il s'est rendu compte du danger et qu'il a voulu repousser la porte, il a pris une première décharge de chevrotines dans la poitrine puis une seconde derrière la tête.

Chahine est mort abandonné de tous.

Pas d'oraison funèbre. Juste un bref article paru un mois après sa mort dans *Le Quotidien de Paris*, intitulé « Quand Action directe exécute un mouton ».

Pas de soutien moral non plus, ni financier pour ses proches, son amie et son enfant. J'ignore même si sa dépouille a été réclamée à l'Institut médico-légal. Point noir pour mon service et ma direction. Une tache indélébile dans mes souvenirs.

L'enquête policière n'a rien prouvé. Dans les milieux d'ultragauche, la rumeur, rapidement, a attribué l'assassinat à Régis Schleicher.

Je réalise alors que l'arrivée aux affaires de la gauche, avec la défiance qu'elle a toujours particulièrement montrée à l'égard des RG, propulse aux postes de commandement, certes des hommes compétents acquis à leurs idées, mais aussi des fonctionnaires qui ne sont pas à la hauteur de leurs tâches et des opportunistes qui, se parant de rose, s'offrent en valets au nouveau pouvoir, quitte à marcher sur leurs collègues et à transgresser les règles de base de déontologie.

Le « copain national » est de ceux-là. Il n'est pas le seul.

La fameuse cellule de l'Élysée en est une parfaite illustration : l'arbitraire couplé d'incompétence. Il suffit de lire son bilan…

Je me suis bien gardé de répondre à ses diverses sollicitations et avances insistantes, frôlant parfois des injonctions follement prétentieuses sur des sujets qu'elle ne connaissait pas et où elle était totalement inexpérimentée.

Nouvelle donne à la Direction centrale des renseignements généraux

L'arrivée de Gaston Defferre au ministère de l'Intérieur, accompagné de Joseph Franceschi chargé plus spécialement de la sécurité, provoque le départ au début de l'été 1981 de Raymond Cham, notre directeur central, aussitôt remplacé par un commissaire venant de la direction des renseignements généraux parisiens, Paul Roux, que j'ai vaguement entrevu à la fin des années 1960 lorsque j'étais encore à la préfecture de police. C'est un homme du nouveau pouvoir. D'emblée, il nous le fait comprendre lors de la visite des services qu'il entreprend dès sa prise de fonction place Beauvau.

Son nouveau message : la lutte contre les violences d'extrême gauche n'est pas la seule priorité. Il faut aussi s'intéresser de près aux menées des formations d'extrême droite et des actes antisémites. À cette fin, il impose à Jean-Pierre Pochon de créer un groupe chargé de cette nouvelle mission dirigée contre les quelques membres de l'Œuvre française et surtout contre une douzaine de néonazis de la FANE[1].

Nous percevons de suite que notre nouveau directeur n'a pas de sympathie pour le personnel de la section ainsi que pour notre patron. Il va sûrement attendre quelques mois et l'occasion pour le remplacer.

Jean-Pierre Pochon y est sensible. Son caractère et son comportement envers ses collaborateurs vont changer. Il s'isole de plus en plus, faisant preuve d'autoritarisme, imposant ses vues en ignorant les suggestions des chefs de groupe.

1. Fédération d'action nationale et européenne. Groupuscule d'extrême droite français national-socialiste, fondé le 8 avril 1966 par Mark Fredriksen.

Il se fourvoie d'ailleurs et frôle le ridicule en s'investissant, malgré nos réserves, dans une affaire extravagante montée par des escrocs aux renseignements marseillais selon lesquels le colonel Kadhafi disposerait sur la Côte d'Azur d'une villa où seraient organisés des ballets roses et parties fines. La bonne ambiance qu'il avait su créer se dissipe. Il est préoccupé, depuis que son nom a été médiatisé, par les menaces proférées sur sa personne par Rouillan qui l'a pris pour cible. Il est plusieurs fois cité dans la propagande révolutionnaire comme l'homme à abattre. Il craint, non pas d'être éliminé, mais d'être visé dans une opération symbolique dont sa famille pourrait subir les effets. Durant les quelques semaines où planera ce danger, il ne se déplacera qu'accompagné par une équipe de protection.

XII

La reprise des activités subversives d'Action directe

La fille de Deauville réapparaît

Après avoir tenté vainement de trouver un point d'observation aux alentours du squat de la villa Poissonnière, j'ai pris l'habitude, en cet hiver 1982, d'aller après le déjeuner, seul ou avec un ou deux coéquipiers, boire le café dans le quartier, le plus souvent dans un établissement faisant l'angle du boulevard de la Chapelle et de la rue de la Charbonnière à mi-chemin, sur l'itinéraire le plus direct entre la station de métro et le squat, point de rencontre de toute l'équipe. Noyé dans la clientèle essentiellement maghrébine pour éviter d'être reconnu, je peux voir ainsi sur leur passage les militants que je connais, mais surtout découvrir et entrevoir les nouveaux venus qui les accompagnent.

Au début du mois de mars, alors que seul je m'apprête à descendre du véhicule que je viens de garer boulevard de la Chapelle, je vois déboucher à pied de la rue Caplat la fille blonde de Deauville accompagné de Mohand Hamami.

Le couple se dirige dans ma direction et se rapproche. Je n'ai plus de doute, il s'agit bien de l'envoyée de Rouillan. Le couple monte dans une vieille 403 stationnée à une dizaine de mètres devant moi, dont je relève bien sûr le numéro minéralogique. Par réflexe, j'essaie de les suivre à distance, mais j'y renonce vite. Je préfère rentrer au bureau et identifier le propriétaire de la 403.

La voiture est déclarée appartenir depuis deux mois à Joëlle Aubron, militante autonome connue depuis 1978, proche de Michel Azeroual et de Pascal Magron, tous deux faisant partie des derniers venus à Action directe. L'adresse mentionnée est celle de ses parents, boulevard Vincent Auriol dans le 13e arrondissement. Nous ne possédons pas sa photographie dans notre documentation, sinon je pense que nous l'aurions identifiée plus rapidement.

Le 26 mars, bien que pratiquement sûr d'avoir enfin donné un nom à la fille de Deauville, je vais en avoir la certitude suite aux interpellations au petit matin de Régis Schleicher, Philippe Desa, Olivier Chabaud, Pascal Magron et Joëlle Aubron après une rixe dans le cabaret La Paillotte, rue Monsieur-le-Prince dans le 6e arrondissement.

C'est en arrivant au bureau que j'apprends la mise en garde à vue de tout ce beau monde au commissariat central du 13e arrondissement.

J'appelle aussitôt ma collègue Catherine pour qu'elle m'accompagne et qu'elle me confirme que Joëlle Aubron est bien la fille avec laquelle elle a voyagé dans le train entre Deauville et Paris.

Catherine est formelle. Il s'agit bien de la fille si longtemps recherchée.

Avant de quitter le commissariat, j'examine les panières contenant les fouilles à corps de chaque interpellé. Que des objets sans intérêt et aucun papier.

Parmi les affaires de Joëlle Aubron, cigarettes, briquet, quelques produits de beauté, je suis intrigué par un chèque de 500 francs glissé dans une enveloppe vierge. Il est émis par un cabinet immobilier du 20e arrondissement à l'ordre d'une dame Fersati.

La cache de la rue du Borrégo

Les vacances de Pâques sont là. Partant quelques jours en Dordogne, je confie à un collègue, Jean-Jacques, le soin d'éclaircir cette histoire de chèque.

Le 7 avril, à mon retour, il me donne les résultats de ses investigations. Il a contacté le responsable de l'agence immobilière, émettrice du chèque en question, qui lui a donné les précisions suivantes : ce chèque représente le remboursement de la caution versée par l'ancien locataire d'un box moto situé au troisième sous-sol de l'immeuble situé au 22 rue du Borrégo (20e), Mme Fersati, dont la location vient d'être reprise par une de ses amies, Mme Aubron.

Mme Fersati ayant changé de domicile, le chèque a été envoyé à la nouvelle locataire pour qu'elle le fasse suivre.

Je me rends aussitôt sur les lieux accompagné de Jean-Jacques.

Le gardien, qui dispose du double des clés des boxes, ne fait pas de difficulté à ce que nous jetions un œil dans celui qui nous intéresse.

Je distingue dans ce box peu éclairé une moto sans plaque d'immatriculation, divers outils ainsi que plusieurs plaques minéralogiques éparses sur le sol. Au fond je devine deux masses sombres à terre. Ce sont deux gros sacs de voyage, volumineux et lourds. En les tâtant je sens plusieurs crosses et canons d'armes de poing et de fusils.

Je ne m'attarde pas. Au gardien resté sur le pas de la porte avec mon collègue, je dis qu'il n'y a rien d'intéressant. Je croise le regard déçu de Jean-Jacques.

J'indique au gardien que je garde momentanément la clé du box afin d'en faire un double, et je lui conseille fermement de ne pas parler de notre visite aux utilisateurs du garage, des petites « frappes » qui pourraient se venger sur lui.

En rejoignant notre véhicule, voyant la figure dépitée de Jean-Jacques, je lui donne une grosse tape dans le dos en disant : « En plein dans le mille, les deux sacs sont remplis d'armes. »

Le retour au ministère est rapide.

Comme je l'ai déjà mentionné, JPP est démoralisé depuis l'arrivée du nouveau directeur. Il sait que ses jours à la tête du service sont comptés. Informé de notre découverte, il se précipite au quatrième étage en courant, attendant impatient devant la porte du directeur que j'arrive. Espère-t-il par notre trouvaille faire changer d'avis notre directeur à son sujet, que son départ sera repoussé voire annulé ?

Paul Roux, malicieux lui dit :

« Monsieur Pochon, que vous arrive-t-il que vous soyez si essoufflé, pas une mauvaise nouvelle j'espère !

– Savoie vient de localiser une cache d'armes d'Action directe dans un garage du 20e arrondissement ! » Puis, se tournant vers moi, il me demande de commenter ma découverte.

Je résume les faits. Le directeur écoute sans commentaires. Lorsque j'ai terminé, il nous dit : « Je prends contact tout de suite avec le directeur de la PJ. Regagnez votre service et attendez mes instructions. »

Cinq minutes après, nous recevons l'ordre de nous rendre immédiatement à la Brigade criminelle où une réunion se tiendra dès notre arrivée.

Je réitère devant les principaux chefs de la police judiciaire mon récit des circonstances et de la découverte des armes. La Brigade de recherche et d'intervention (BRI) n'étant pas disponible immédiatement, c'est la Brigade de répression du banditisme (BRB) qui est désignée pour traiter l'affaire.

Serge Devos, le patron de la BRB, ignorant la présence de mon chef de service, me dit : « Viens avec nous, on part immédiatement. »

Sous ma conduite, les collègues de la BRB investissent discrètement les lieux. Il n'est pas question pour Serge Devos de laisser des armes en attendant des utilisateurs éventuels. Il saisit le tout et laisse sur place des équipes de surveillance chargées d'arrêter les personnes qui pénétreront dans le box.

Le stock d'armes récupérées comprend six pistolets-mitrailleurs, deux fusils à pompe, neuf armes de poing, une grenade offensive et diverses munitions.

Le lendemain matin, le 9 avril 1982, Joëlle Aubron et Mohand Hamami sont interpellés au moment où ils entrent dans le box.

D'après l'expertise balistique, l'un des pistolets-mitrailleurs saisis a été utilisé le 31 mars dernier pour le mitraillage de la mission d'achat israélienne 120, boulevard Malesherbes dans le 17e arrondissement, action revendiquée à Beyrouth par la Fraction armée révolutionnaire libanaise (FARL).

La connivence entre la FARL et Action directe, tout au moins par la fourniture de moyens, est ainsi prouvée, de même que l'implication plus personnelle de Mohand Hamami dans cette formation libanaise. Il sera établi plus tard qu'il avait déjà revendiqué au nom de la FARL l'assassinat du diplomate israélien Barsimantov commis à Paris le

3 avril 1982, et qu'il était en relation avec leur chef, Georges Ibrahim Abdallah.

Quand je dois me justifier d'avoir enquêté sur le président de la République

Retombée des bavardages du « copain national » qui ont déjà coûté la vie à Chahine, je suis convoqué un matin au bureau du directeur central, Paul Roux. C'est peu après l'affaire de la rue du Borrégo. Je pense donc que c'est en rapport avec cette localisation de cache d'armes.

J'ai été prévenu indirectement la veille à mon domicile qu'il fallait que je sois impérativement le lendemain à 9 heures au secrétariat de notre directeur.

Au service où je passe avant d'aller au rendez-vous, je rencontre le commissaire adjoint. Il me dit qu'au ton du directeur, lorsqu'il m'a demandé hier en fin d'après-midi, j'ai du souci à me faire. Je me demande bien pourquoi. Je ne vois vraiment pas ce qui peut provoquer son courroux.

À 9 heures précises, il ouvre la porte communiquant avec son secrétariat et il me fait entrer dans son bureau.

Il ne m'invite pas à m'asseoir et attaque de suite :

« L'Élysée m'informe qu'un inspecteur Savoie de ma direction a enquêté sur le président de la République. Que dois-je répondre ? Expliquez-vous !

– Je n'ai jamais enquêté sur le président de la République. J'ai, par contre, fait une enquête sur Anne Pingeot, sa maîtresse au début 1974, sur demande officielle.

– Vous avez une copie de votre rapport ?

– Il doit être archivé à notre secrétariat.

– Vous êtes-vous intéressé à d'autres personnes de l'entourage du président de la République ?

– Non monsieur, mais j'ai participé durant la campagne électorale présidentielle du printemps 1974, avec d'autres fonctionnaires de service, et sur instruction hiérarchique, à une mission de "surveillance filature" du candidat François Mitterrand. Elle a duré plusieurs jours. J'ai pris plusieurs photographies des contacts du candidat, notamment à la sortie d'un restaurant près de la place Dauphine à l'issue d'un déjeuner avec des dirigeants du CNPF.

– Les comptes-rendus de ces surveillances ont-ils été aussi archivés ?

– J'en doute, monsieur le directeur. Jacques Harstrich, mon chef de service à l'époque, a dû les remettre directement au cabinet du ministre. Je me souviens que le journal *Minute* avait reproduit pratiquement *in extenso* nos rapports, reproductions photos que nous avions prises à l'appui. »

Le directeur saisit son téléphone et appelle le chef de la section presse. Lui exposant sommairement ce que je viens de lui révéler, il lui demande de lui trouver le numéro.

Puis il me dit : « Allez me chercher l'enquête sur Mlle Pingeot. Je vous attends ! »

Lorsque je reviens dans son bureau, le directeur parcourt déjà l'article de *Minute* apporté rapidement par un commissaire de la section concernée. Tandis qu'il le remercie pour lui signifier qu'il peut disposer, il m'invite à m'asseoir et prend connaissance de ce que j'avais écrit sur Anne Pingeot.

Il a l'air satisfait.

« Vous ne parlez pas de Mazarine ? me demande-t-il.

– Non, monsieur le directeur. À ce moment elle venait juste d'être conçue puisqu'elle est née le 18 décembre suivant et peu de personnes connaissaient le début de grossesse d'Anne Pingeot. »

D'un ton plus aimable, il me déclare qu'il est content de mon travail, couronné par la découverte de la cache d'armes de la rue du Borrégo, et qu'il me propose pour être nommé chevalier de l'ordre national du Mérite.

Le 14 juillet 1982, dans la cour d'honneur du ministère de l'Intérieur, en présence de Gaston Defferre et de Joseph Franceschi, je reçois, parmi d'autres récipiendaires, les insignes de chevalier de l'ordre national du Mérite.

Jean-Pierre Pochon nous quitte

Au mois d'août 1982, ulcéré par le comportement de la hiérarchie à son égard, Jean-Pierre Pochon accepte le poste de directeur départemental des Renseignements généraux de la Martinique. Son passage à la section a été bénéfique. On lui doit d'avoir relancé le service. Malheureusement, ses rapports avec ses collaborateurs se sont dégradés depuis plusieurs mois. Il n'est pas regretté. Il est remplacé par un nouveau commissaire venant de province qui a les bonnes grâces, je présume, du pouvoir en place.

Notre direction décide d'affecter de nouveaux fonctionnaires à la section recherches pour compenser les départs de certains collègues, ceux qui, n'ayant pas digéré la bavure de la rue Pergolèse, préfèrent rejoindre des services plus sédentaires. D'autres jouent de leurs appuis politiques auprès de la nouvelle majorité pour rejoindre les postes qu'ils convoitent.

Ils sont remplacés sans peine. Les volontaires se bousculent pour faire partie de cette section dont les médias ont parlé avec tant d'éloges. Nous voyons donc arriver une douzaine d'inspecteurs hommes et femmes venant de services divers.

Parmi eux, Simon Ouazana[1] et Olivier Marchal[2]. Après avoir butiné dans différents services de police, ils préféreront la fiction policière à la réalité et se reconvertiront dans le cinéma.

1. Dit Simon Michaël, notamment coscénariste des films *Les Ripoux* (1984), *Ripoux contre Ripoux* (1990), *Ripoux 3* (2003), tout trois réalisés par Claude Zidi.
2. Acteur et réalisateur de nombreux films noir policiers.

XIII

La lutte armée sous le signe de l'internationalisation

Scission au sein d'Action directe

Jusqu'en décembre 1981, les actions revendiquées par Action directe ne visaient que des objectifs nationaux, responsables symboliques de « l'exploitation capitaliste ».

Avec la reprise des attentats en mai 1982, puis en juin contre la venue à Paris du président Reagan et durant la première quinzaine d'août contre des sociétés israélites, on constate que toutes les cibles visées représentent des intérêts américains ou israéliens. C'est la façon choisie par Action directe pour manifester sa solidarité avec le peuple palestinien.

Ce changement de stratégie vraisemblablement imposé par Rouillan, dont on sait qu'il est partisan des luttes à mener prioritairement au plan international, va avoir deux conséquences. Une première, immédiate, est la dissolution d'Action directe prononcée par décret en Conseil des ministres le 18 août 1982. La seconde est l'émergence d'un groupe au sein d'Action directe constituant un « Collectif révolutionnaire du 1er août » qui s'oppose aux pratiques staliniennes du leader, Rouillan.

Dans un communiqué adressé à l'AFP par ce collectif, on peut lire : « Suite aux pratiques autoritaires et bureaucratiques d'un des collectifs d'Action directe, visant à entraîner l'ensemble des unités sur une stratégie et une ligne politique volontariste et élitiste [...] nous décidons l'éclatement d'Action directe [...]. Contre le capital, le combat se mène à la base sur tous les fronts de la guerre sociale. »

Rouillan déclare pourtant dans une interview du 17 août à *Libération*: « Il y a trois tendances dans Action directe et aucune n'a éclaté à partir de la réunion du 1er août. Il n'y a donc pas de dissolution. Les gens qui parlent aujourd'hui d'éclatement sont des camarades qui nous ont quittés sans exposer leur position politique... »

Deux tendances s'affirment. L'une qualifiée d'« anti-impérialiste », regroupée derrière Rouillan et Ménigon avec notamment Schleicher, Hamami, Aubron et un nouveau, surnommé « Casquette », non encore identifié. L'autre, anticapitaliste et nationale, rassemblant des militants de sensibilité plus libertaire comme Moreau[1], Camilleri, Azeroual, et des derniers venus, Magron, Grosmangin et Chabaud.

Le Groupe Bakounine-Gdansk à Paris

Après ce mois d'août fiévreux, il s'ensuit une période d'accalmie, bien que Rouillan (qui a revendiqué les attentats dans l'interview du 17 août à *Libération*), en semi-clandestinité, joue à cache-cache avec la police judiciaire. L'attention publique est aussi détournée du feuilleton Action directe, mobilisée par l'attentat meurtrier de la rue des Rosiers[2].

1. Éric Moreau, fils d'un commissaire de police, le seul coauteur du vol de tableau *L'Escamoteur*, dérobé le 13 septembre 1978 au musée de Saint-Germain-en-Laye, a avoir été arrêté le 2 février 1979. Remis en liberté le 6 juin 1981.
2. 9 août 1982. Un commando terroriste palestinien mitraille les passants et les clients du restaurant Jo Goldenberg. On dénombre 6 morts et 22 blessés.

Nous mettons à profit le calme relatif pour ouvrir en parallèle des investigations sur la douzaine d'attentats par explosifs commis depuis le début de l'année 1982 contre des sociétés travaillant pour certains pays de l'Est, d'Amérique et d'Afrique du Sud et revendiqués par un « Groupe Bakounine-Gdansk à Paris ». Ce groupe n'a eu qu'une existence éphémère, à peine un an. Nous tentons de déterminer son origine et sa composition à partir d'un renseignement que j'ai recueilli de source humaine : son chef serait un français surnommé Phil ou Souslof, très proche d'Action directe.

Après quelques mois de vaines recherches nous abandonnons nos investigations, le groupe ne s'étant plus manifesté, sans avoir pu établir si cette formation d'obédience anarchiste était indépendante ou liée à Action directe.

XIV

La branche nationale anticapitaliste d'Action directe

L'arrivée de Jean-Louis

Tandis que Rouillan et ses fidèles, recherchés suite aux attentats d'août, plongent dans la clandestinité, nous nous intéressons aux activités du groupe dissident, plus accessible grâce à une source humaine se situant à sa périphérie : Jean-Louis.

Jean-Louis est un jeune instable de Vaison-la-Romaine (Vaucluse) qui fréquente les milieux autonomes d'Avignon, recruté depuis peu comme informateur par un fonctionnaire des Renseignements généraux de la région.

Il désire entrer dans la police mais n'a pas le diplôme requis pour se présenter à un concours d'agent titulaire de la fonction publique. En revanche, il a une formation technique poussée de radioélectricien et a travaillé quelques mois aux PTT. Les armoires de connections téléphoniques n'ont plus de secret pour lui.

Il a également l'énorme avantage de connaître Éric Moreau, qu'il a rencontré à l'occasion de déplacements dans la capitale par l'entremise de ses relations dans la mouvance autonome. Moreau lui a demandé de se renseigner sur les postes émetteurs en vue de créer une radio libre, moyen d'expression très en vogue.

Jean-Louis est donc recruté en qualité d'agent contractuel par notre direction et vient se fixer à Paris avec une double casquette : l'une, officielle, de technicien radio, l'autre (secrète, mais c'est le véritable objectif de ce recrutement) d'agent de renseignement.

Il gagne rapidement la confiance de Moreau. Tous deux partent en Italie pour acheter un poste émetteur soi-disant moins cher qu'en France. Finalement, ils ne trouvent pas le matériel qu'ils recherchent et reviennent, déçus de devoir reporter leur projet. Néanmoins le voyage a rapproché Jean-Louis de Moreau qui commence à lui faire des confidences.

Jean-Louis a l'ordre strict de ne pas se laisser entraîner au-delà de sa participation technique, en toute légalité, d'autant que Moreau profite de la vieille BMW que Jean-Louis vient d'acquérir pour se faire promener dans Paris.

La cache de l'avenue du Maréchal-Leclerc

Au début du mois de septembre 1983, alors que Jean-Louis véhicule Moreau, celui-ci lui demande de s'arrêter devant un grand immeuble, au 93-95 avenue du Maréchal-Leclerc dans le 14e arrondissement, en lui disant : « Attends-moi deux minutes, je vais à mon box. »

Il revient cinq minutes plus tard sans faire de commentaires.

Jean-Louis nous transmet immédiatement l'information et nous signale la grande agitation de Moreau. Il n'a pas d'élément précis mais il pressent que le groupe prépare des actions avec Camilleri de Toulouse, attendu dans les prochains jours à Paris.

La section recherches des renseignements généraux de Toulouse est aussitôt avertie.

Je m'occupe personnellement des vérifications avenue du Maréchal-Leclerc. L'immeuble comporte quatre niveaux de boxes et de places de parking dont certains sont loués à des personnes habitant ailleurs. Pour l'agence immobilière gérant l'immeuble, aucun Moreau n'est locataire d'un box. Même réponse pour les divers noms que je cite, proches de Moreau.

Je me souviens alors que dans une conversation téléphonique ancienne, j'avais cru comprendre que parfois Moreau était appelé Hernu, nom facile à retenir par son homonymie avec le ministre de la Défense.

L'employé de l'agence m'apprend qu'il a en effet un Hernu Éric locataire du box 315 au troisième sous-sol.

Contrairement au gardien de la rue du Borrégo, celui qui m'accompagne au troisième sous-sol ne possède pas de double des clés. Mais l'espace entre le plafond et le haut de la porte permet de voir à l'intérieur en se haussant sur la pointe des pieds.

Le local est totalement vide.

Je charge Jacques, un collègue qui n'est pas du groupe mais qui habite non loin de là, de vérifier chaque matin avant de venir au bureau s'il y a du changement.

Le 13 septembre, la section recherches des RG de Toulouse prévient que Camilleri et sa copine viennent de prendre l'avion pour Paris.

Juste le temps de nous transporter à Orly. Le couple monte dans un taxi. Nous connaissons la méfiance de Camilleri lorsqu'il vient dans la capitale. Il sait qu'en général un « comité d'accueil » l'attend. Aussi, nous échelonnons nos véhicules le long du parcours, surtout à partir de la Porte d'Orléans où nous réussissons à nous placer devant le taxi lorsqu'il s'engage sur la voie réservée aux transports en commun.

Camilleri se retourne plusieurs fois. Il est rassuré car aucune voiture ne suit le taxi sur cette portion de route entre la Porte d'Orléans et le carrefour Alésia.

Ensuite, la filature est aisée. Quatre véhicules assurent les relais.

Camilleri ne se retourne plus.

Le taxi dépose ses clients devant un petit hôtel de quartier dans le 15e arrondissement.

La neutralisation de leur base logistique, rue Froment

Les menaces d'attentats signalées par Jean-Louis ont sensibilisé nos instances supérieures. Elles décident de nous adjoindre en renfort la Brigade de recherche et d'intervention.

Le lendemain, nous assistons aux jumelles à une réunion plénière du groupe en début d'après-midi sur une pelouse dans un coin retiré du jardin des Plantes. Il y a là Moreau, Camilleri, Azeroual, Grosmangin, Magron et Chabaud.

Le soir même sont « logés » Chabaud, rue de la Gaîté dans le 14e arrondissement, et Magron, chez sa copine Sophie M., rue Barthélémy dans le 15e.

Le jour suivant, le 15 septembre, dans l'après-midi, le groupe se retrouve dans un appartement situé rue Froment proche de la place de la Bastille. Ils y séjournent plusieurs heures.

En sortant, ils se dispersent. Camilleri et sa copine montent dans la voiture conduite par Grosmangin et regagnent Toulouse. La filature assurée par la BRI est interrompue à l'entrée de la ville.

Dans la soirée du 16 septembre, Camilleri et Grosmangin sont à nouveau localisés puis définitivement perdus de vue dans la banlieue de Toulouse, alors qu'ils ont pris la direction de Paris à bord du même véhicule.

Le 17 septembre, Jacques m'attend au service. Il est impatient de me signaler la présence d'un gros sac de voyage au fond du box de Moreau-Hernu. On se doute de son contenu.

Une surveillance mixte RG-PJ est aussitôt mise en place en vue d'interpeller toute personne entrant dans le box. J'accompagne l'équipe d'interception (composée de policiers de la Brigade criminelle et de la BRI). On s'installe dans un box disponible non loin de l'objectif.

À 11 h 30, le véhicule qui a fait l'aller-retour à Toulouse avec à bord Camilleri et Grosmangin s'arrête devant le garage. Ils n'ont pas coupé le moteur. Ils vont certainement repartir vite. Les deux compères ouvrent la porte du box, y entreposent deux gros bidons de chlorate de soude qu'ils sortent du coffre de l'auto et remontent dans leur véhicule pour sortir de l'immeuble.

Deux équipages de la BRI les attendent à l'extérieur. Ils sont interpellés sans difficulté après avoir roulé quelques centaines de mètres et ramenés au troisième sous-sol pour assister à la perquisition.

Le sac contient une vingtaine de kilos d'explosifs et tout ce qu'il faut pour préparer des bombes. Pour économiser l'explosif, ils ont acheté du chlorate de soude en complément.

Jean-Louis ne s'était pas trompé. Une campagne d'attentats était bien en phase de préparation.

Dans le courant de l'après-midi, seul Chabaud est arrêté.

La perquisition menée rue Froment, point de rassemblement du groupe et vraisemblablement sa base logistique, ne donne d'abord aucun résultat. La BRI a soi-disant situé l'appartement au rez-de-chaussée, au fond d'une petite cour, occupé par une jeune femme. Elle n'a vraiment pas le profil d'une révolutionnaire. On ne découvre aucun écrit politique quelconque, même pas un journal de gauche. Manifestement, il y a erreur dans la localisation.

Pendant les formalités de la perquisition, j'inspecte les six étages de l'immeuble. Il y a deux appartements par palier. Les noms écrits sur les portes ne me disent rien. Je questionne deux ou trois locataires présents, des personnes âgées qui n'ont rien remarqué d'anormal.

Vers 18 heures, nous regagnons nos véhicules. Déçu mais pas découragé de localiser la cache, je suis un des derniers à quitter les lieux en discutant avec un collègue de la BRI, lorsque j'aperçois un jeune homme rentrant rapidement dans le hall de l'immeuble juste après notre sortie.

Je dis à mon collègue de m'attendre et me précipite dans l'immeuble pour voir où se rend ce jeune si pressé. Il est déjà dans l'ascenseur.

Je grimpe quatre à quatre les marches des escaliers et j'arrive essoufflé au dernier étage où l'ascenseur est arrêté.

J'entends un bruit de voix provenant de l'appartement de gauche. Je sonne. Une jeune femme entrouvre la porte. Je me présente. Le jeune homme que j'ai tenté d'intercepter l'ouvre entièrement et me demande ce que je désire.

À mon étonnement causé par sa hâte à rentrer dans le bâtiment, il me répond que son amie l'a prévenu au bureau d'une descente de police dans l'immeuble et qu'il ne tient pas à être mêlé à quoi que ce soit.

Je lui expose brièvement la raison de notre présence et je lui présente mon petit album photographique en lui demandant s'il ne reconnaît pas des personnes qu'il aurait vues dans son immeuble.

À la photo d'Azeroual il me souffle : « C'est le locataire d'en face. »

Je me précipite dans l'ascenseur, retrouve mon collègue qui commençait à s'impatienter et lui dit : « Rappelle tout le monde, le local est au sixième étage. »

L'équipe d'intervention est de retour un quart d'heure après.

N'obtenant aucune réponse aux sommations, elle enfonce à coups de masse la porte renforcée.

L'appartement n'est pas occupé, mais il s'agit bien du repaire opérationnel du groupe. Un scanner d'écoute des émissions radio de la police fonctionne et enregistre. Des couvertures sont tendues devant les fenêtres pour que l'appartement soit totalement isolé de l'extérieur.

Une cantine en fer contient une dizaine d'armes et des munitions ainsi que l'attirail du parfait cambrioleur : cagoules, gants, produits de maquillage.

Des trois manquants, Moreau, Azeroual et Magron, seul ce dernier sera arrêté quelques jours plus tard. Azeroual passera à travers les mailles du filet et réussira à partir à l'étranger. Quant à Moreau, son arrestation ratée un mois plus tard nous laissera un goût amer.

L'interpellation manquée d'Éric Moreau

Moreau est dans la clandestinité. Son groupe est réduit à néant. Une grande partie de sa logistique a été saisie.

Le 20 octobre, Jean-Louis, notre agent informateur, qui n'a plus revu Moreau depuis les arrestations de septembre, nous avertit que celui-ci vient de lui laisser un message sur son répondeur lui fixant rendez-vous pour le soir même à 21 heures, dans un petit restaurant qu'ils connaissent près de l'Opéra.

Jean-Louis sera en voiture et il pense qu'à l'issue du repas il déposera son compagnon quelque part.

Faisant toujours équipe avec la Brigade de recherche et d'intervention, nous nous apprêtons à suivre le duo à la sortie du restaurant. Je connais la façon de conduire de Jean-Louis et son habitude de griller les feux rouges, aussi je lui ai bien donné pour consigne de rouler normalement, car si on le perd nous n'avons aucun moyen de contact.

Nous nous mettons en place rue La Fayette où il a stationné sa BMW.

Vers 22 heures, tous deux sortent du restaurant situé rue de la Chaussée d'Antin et se dirigent vers la voiture. À leur démarche, ils ont dû consommer beaucoup d'alcool.

Effectivement, très excité, Jean-Louis démarre en trombe et grille plusieurs feux rouges. Il a oublié les recommandations. Nous réussissons difficilement à garder le contact jusqu'au boulevard de Belleville où nous le perdons.

Nous savons que les parents de Moreau habitent rue Saint-Fargeau non loin de la Porte des Lilas. Nous prenons cette direction en empruntant la rue des Pyrénées.

Arrivés place Gambetta, l'un de nous aperçoit la voiture de Jean-Louis, garée et vide.

Nous repérons rapidement les deux compères installés au bar d'une brasserie de la place. Ils consomment plusieurs demis de bière avant de se séparer vers minuit. Jean-Louis regagne son véhicule tandis que Moreau s'engage à pied avenue Gambetta en direction de la Porte des Lilas.

J'ai le temps d'échanger quelques mots avec Jean-Louis passablement éméché et excité : « Il rentre chez lui vers la Porte des Lilas. Il est bourré... Vous n'aurez pas de mal à le suivre. »

Je rejoins rapidement l'équipe de filature. Je transmets par radio les informations de Jean-Louis à mon chef de service, qui supervise l'opération avec le chef adjoint de la BRI dans la voiture de ce dernier. Moreau paraît mal en point. Il est diabétique et les abus de cette soirée font effet. Il s'arrête souvent pour respirer et se reposer.

Notre patron nous annonce que selon les instructions données par le cabinet de Franceschi, la BRI va interpeller Moreau immédiatement.

Je proteste, en demandant de retarder l'arrestation de quelques minutes, le temps qu'il nous conduise à sa planque. C'est l'affaire de cinq ou dix minutes. Minuit est largement dépassé, on n'est pas à quelques heures près, même s'il faudra attendre 6 heures pour intervenir[1].

On ne m'écoute pas. Une jeune collègue nouvellement affectée à mon groupe, sans expérience, m'accompagne. Accélérant le pas, je lui dis que nous allons nous rapprocher de Moreau pour qu'elle assiste de près à l'interpellation.

Moreau arrive à hauteur de la place Saint-Fargeau devant la caserne des pompiers. Je pense que les hommes de la BRI l'attendent à un angle de rue ou dans une encoignure de porte pour lui bondir dessus et le neutraliser en application du principe : surprise et contact.

1. Heure légale à partir de laquelle la police peut entrer dans un domicile privé de son propre chef.

Pas du tout. Ils arrivent dans plusieurs voitures. Le chef de groupe sort de l'une d'elles, l'arme à la main à une dizaine de mètres de Moreau en criant : « Police ! les mains en l'air ! Ne bouge pas ! »

Moreau saisit un pistolet glissé dans sa ceinture et tente vainement de l'armer. Je le vois distinctement tirer sur la culasse qui reste bloquée. Le chef de groupe l'a vu aussi, car il ne tire pas.

En revanche, l'un de ses hommes, bondissant d'une autre voiture, et que Moreau braque en reculant, se croit en danger et ouvre le feu. Un autre de ses collègues l'imite.

Au même moment, au volant de son auto, le chef adjoint de la BRI monte sur le trottoir pour essayer de coincer Moreau contre le bâtiment de la caserne des pompiers. La voiture percute le mur sans le toucher. Il a sauté pour éviter le choc. Il se retrouve sur le capot, roule sur le côté, se relève et se met à courir rue Saint-Fargeau en direction du centre de Paris. Mon patron, de l'intérieur de la voiture, tire aussi dans sa direction.

Nous sommes à une vingtaine de mètres de la scène. Quand Moreau se met à courir, un collègue de mon groupe se met en position de tir rapide en dégainant et tire à trois reprises, heureusement sans le toucher, pendant que je lui crie : « Tu es fou ! ne tire pas sur un fuyard ! »

Une poursuite s'engage sur une centaine de mètres. Moreau enfile une petite ruelle, le passage Gambetta, et disparaît dans l'obscurité. La BRI estime qu'il est trop dangereux de le poursuivre dans ce passage où il peut nous attendre en embuscade.

En culbutant sur la voiture, il a perdu sa casquette et son écharpe. L'équipe cynophile appelée d'urgence pour tenter de retrouver sa trace échoue.

Déjà fort contrarié par cette tentative d'interpellation que je trouvais prématurée, je suis estomaqué par son mode opératoire, par ce ratage indigne d'un service spécialisé.

Deux jours plus tard, le quotidien *Le Parisien* relate cet échec qu'il impute, selon les déclarations des fonctionnaires de la BRI, aux hommes des RG présents sur les lieux. Ce sera la dernière mission mixte entre les deux services.

Ainsi disparaît la branche nationale anticapitaliste d'Action directe. Ses principaux membres sont soit emprisonnés comme Camilleri, Grosmangin, Chabaud et Magron, soit clandestins et réfugiés à l'étranger comme Moreau et Azeroual.

Serge Fassi s'est lui aussi éloigné de Rouillan après son échec dans l'exploitation d'un atelier de confection, Adèle confection, avec des travailleurs immigrés d'origine turque, mis en faillite après quelques mois d'activité. Il se réfugie dans une ferme à Saint-Sardos dans le Tarn en emportant avec lui une cantine contenant des armes et des explosifs. Il y sera arrêté le 20 novembre.

Identification de « Casquette »

En ce début d'année 1983, « Casquette », apparu dans l'environnement de Rouillan l'été précédent, n'est toujours pas identifié. Il est vrai que, focalisés sur le groupe Moreau, nous avons délaissé les investigations sur la branche anti-impérialiste dont les principaux membres identifiés sont tous retournés dans la clandestinité.

C'est l'un des cinq détenus de la branche nationale qui va nous aider à identifier ce nouveau militant. Il avait déjà donné des renseignements à l'occasion de sa garde à vue, hors procédure, nous apprenant ainsi que le frère de « Casquette », plus réputé pour des délits de droit commun que pour un engagement politique, marche aussi avec Rouillan. On avait dû lui laisser un numéro de téléphone où nous appeler, car un jour de mars, par l'intermédiaire de l'administration pénitentiaire, il demande à nous rencontrer. Il a soi-disant des révélations à faire.

Avec l'autorisation du juge d'instruction, la Brigade criminelle l'extrait pour la journée et nous l'écoutons dans les locaux du 36.

Il peut apporter un élément capital pour l'identification de « Casquette » en nous indiquant le lieu où il habitait en 1981-1982. C'est rue des Petites-Écuries. Il ne connaît pas le numéro, mais il peut nous y conduire. En fait, c'est un petit malin qui s'est bien gardé de nous fournir ce renseignement pendant sa garde à vue et qui maintenant veut le monnayer.

Il demande en échange qu'on le conduise chez un opticien quelconque pour changer ses lunettes mal adaptées à sa vue et aussi de voir sa copine dans l'après-midi avant de retourner en prison.

Celle-ci est aussitôt convoquée au Quai des Orfèvres pour 14 heures, puis nous nous rendons sur les lieux. Il nous indique l'immeuble où résidaient les deux frères et l'étage. À l'époque, ils n'étaient pas clandestins. On devrait selon lui les identifier rapidement.

Ensuite, sur le chemin du retour, nous nous arrêtons chez un opticien pour changer ses lunettes à nos frais.

Copulation au Quai des Orfèvres

À 14 heures, lorsque son amie arrive, d'un culot monstre, il exige un moment d'intimité avec elle. Nous nous regardons, interdits et surpris par sa requête qui lui semble naturelle et allant de soi. Le collègue de la Crim' réagit et lance : « Si les WC font l'affaire, on peut vous laisser seuls si ta copine est d'accord. »

Lorsque nous l'informons du désir de son compagnon et qu'éventuellement on peut mettre à leur disposition l'une des cabines des toilettes réservées au personnel, elle hésite en disant :

« Il est brutal et jaloux. Il croit que je le trompe et j'ai peur qu'il me fasse une scène.

– Vous n'aurez qu'à crier s'il vous maltraite. Nous serons juste à côté pour vous secourir, lui rétorque le collègue.

– Oui… mais quand je fais l'amour, il m'arrive de crier.

– N'ayez aucune crainte. On sait faire la différence, conclut le policier. »

Domptant sa pudeur, elle accepte d'un « bon, d'accord » timide et nous les enfermons tous les deux, condamnant momentanément la porte d'accès aux toilettes par notre présence.

Nous sommes prêts à secourir la copine en cas d'appel et surtout nous avertissons les collègues qui se présentent du détournement provisoire de l'usage des WC.

Finalement tout se passe bien. La copine est trop perturbée pour goûter pleinement ces retrouvailles. Elle reste muette.

Quelques jours plus tard, l'enquête de voisinage nous permet d'identifier Claude Halfen dit « Casquette » et son frère Nicolas.

XV

De nouveaux attentats par le groupe Rouillan

Après un an d'interruption, deux attentats par explosifs sont commis à Paris contre les locaux du ministère de la Défense et du siège du Parti socialiste, dans la nuit du 27 au 28 août 1983, pour protester contre l'intervention militaire française au Tchad. Un troisième, le 26 septembre, vise un immeuble de la marine nationale, puis un quatrième, trois jours plus tard, est dirigé contre le Cercle militaire des armées en réponse aux déclarations du président de la République, François Mitterrand, à la tribune de l'ONU.

La branche anti-impérialiste d'Action directe, la seule qui subsiste, pense-t-on à tort, signe son retour sur la scène publique après avoir clarifié sa ligne idéologique et réorganisé ses structures clandestines.

Elle a déjà repris ses opérations de financement.

Le 31 mai 1983, les meurtres de deux gardiens de la paix, avenue Trudaine, lors d'un contrôle inopiné, lui sont imputés[1].

Le 30 juillet suivant, le vol à main armée de la bijouterie Aldebert place de la Madeleine lui est attribué.

Le 14 octobre, à la sortie du braquage d'une agence de la Société générale, avenue de Villiers, l'un des participants,

1. Fusillade au cours de laquelle deux gardiens de la paix, Émile Gondry et Claude Caïola, sont tués, et un troisième, Guy Ade, blessé grièvement.

Ciro Rizzato, ressortissant italien membre des Communistes organisés pour la libération prolétarienne (COLP) qui font cause commune avec Action directe, est abattu par les policiers. Un autre, Régis Schleicher, est formellement reconnu sur les enregistrements des caméras de surveillance de la banque.

XVI

Éric Moreau nous échappe définitivement

Moreau revient de loin après le loupé de la rue Saint-Fargeau. Son blouson porterait les traces d'une dizaine de balles dont l'une l'aurait légèrement éraflé. Il disparaît non sans avoir chargé son avocat, Maître Vergès, de déposer plainte contre la police pour tentative d'assassinat.

Ses comparses incarcérés depuis septembre 1982 adoptent un comportement de repentis lorsqu'ils comparaissent le 8 juin 1983.

Dans le même temps, nous réussissons à connaître son lieu de refuge, en Espagne, à Barcelone, où il bénéficie des structures d'accueil d'un groupe de militants autonomes.

Nous identifions son principal contact à Paris en la personne de Pierre Ventura, un moniteur d'auto-école connu pour quelques délits mais non politisé.

Ils entretiennent des relations régulières à partir de cabines téléphoniques. À cette occasion, Jean-Louis va développer ses dons et connaissances pour nous fabriquer des « sucres », petits émetteurs radio de la taille d'un sucre que l'on branche sur le fil téléphonique de la cabine de façon à capter les conversations en direct de l'intérieur d'un véhicule garé à proximité.

Il suffit donc de localiser les cabines téléphoniques utilisées pour placer ces petits émetteurs et d'être là au moment du contact pour écouter et enregistrer la conversation.

Nous sommes ainsi informés des activités de Moreau. Son principal souci est de trouver des moyens de subsistance.

Il projette un hold-up à la mairie du 20e arrondissement au moment où les fonds qui avoisinent les 500 000 francs[1] destinés à l'aide sociale sont livrés chaque fin de mois. Il tient le tuyau d'un comparse qui a travaillé quelques mois à la mairie.

L'opération est fixée pour la fin du mois de juillet. Moreau se fera assister de deux Espagnols. Ventura les accueillera trois jours avant la date de la livraison de l'argent pour la mise au point du braquage.

Nous ne connaissons ni la date exacte de l'arrivée du trio, ni l'endroit de rendez-vous. Nous ne disposons pas de renseignement plus précis. Il est délicat de saisir la PJ sur de simples présomptions, d'autant que, depuis l'arrestation manquée de Moreau, nos rapports sont tendus.

Durant la dernière semaine de juillet, faute d'information complémentaire, et dans l'impossibilité de filer Ventura qui remarquerait rapidement une surveillance, nous nous limitons à effectuer des passages réguliers dans les secteurs qu'il fréquente.

Le mercredi en fin d'après-midi, une équipe de retour au bureau remarque la voiture de Ventura garée place de Clichy, puis en faisant le tour de la place l'un des collègues voit le moniteur d'auto-école, Moreau et ses acolytes attablés à la terrasse d'une brasserie.

Aussitôt prévenue par radio, toute la section se transporte sur les lieux.

Il est 18 heures, la place est très fréquentée. Nous n'avons aucune difficulté à les approcher et nous sommes suffisam-

1. Environ 75 000 euros.

ment nombreux pour les interpeller. Ils sont décontractés et ne sont pas particulièrement méfiants.

Mon chef de section, resté au service, auquel je rends compte par radio de la situation, me demande d'attendre la décision de la direction pour intervenir. Cinq minutes après, il se manifeste pour nous interdire de les arrêter. Nous devons nous contenter de les surveiller et les suivre éventuellement en attendant l'arrivée de la BRI qui vient d'être saisie.

J'enrage, mais je ne peux qu'exécuter les ordres.

Un quart d'heure vient à peine de s'écouler que le groupe quitte la brasserie et regagne le véhicule. Ventura s'engage dans les petites rues du quartier des Batignolles. Il roule normalement en discutant avec les passagers. Font-ils un repérage ?

Je donne régulièrement notre position au service qui me prévient du retard de la BRI. Ils n'arriveront que vers 19 heures. Il nous faut tenir jusque-là et il n'est que 18 h 30.

Ventura remonte alors vers la place de Clichy par la rue Lemercier et la rue Biot en accélérant l'allure, les yeux fixés sur les rétroviseurs. Il a dû remarquer notre filature.

Arrivé à l'angle de la place de Clichy, il s'arrête et bloque le passage pendant que Moreau et ses compagnons sortent rapidement de l'auto et s'égaillent séparément sur la place très fréquentée à cette heure d'affluence.

Les piétons jaillissent des voitures suiveuses. Ils sont trop loin pour conserver le contact. Le trio nous échappe.

Décidément Moreau a une baraka incroyable.

Il saura en tirer les conclusions en quittant la France avant l'irréparable.

Quelques semaines plus tard, nous apprendrons qu'il s'est expatrié au Mexique. Ensuite, nous suivrons sa trace au Costa Rica, au Guatemala puis au Nicaragua.

Il ne rentrera en France qu'une fois sa condamnation prescrite, cinq ans plus tard, en 1989.

XVII

Le suicide de Jean-Louis

La fuite de Moreau à l'étranger a libéré Jean-Louis. Pour lui, l'entrisme est terminé. Il intègre le service des moyens techniques[1] de notre direction centrale à temps plein.

J'ai déjà vanté ses capacités techniques, son esprit inventif et débrouillard.

Il développe son art en bidouillant des petits appareils radioémetteurs. Après les « sucres » qui nous ont été très utiles dans l'affaire Moreau-Ventura, il confectionne d'autres petits émetteurs que l'on place dans les prises de courant des appartements que l'on désire « sonoriser[2] ».

Il est bon camarade, convivial et serviable.

Mais Jean-Louis souffre d'un mal-être qu'on ignore. On est loin d'imaginer qu'il est confronté à de graves problèmes psychologiques.

Un soir, au retour d'une séance de cinéma avec sa copine, pendant que celle-ci fait sa toilette dans la salle de bains, il se fait sauter la tête avec son arme de service.

Son amie nous apprendra qu'elle avait surpris Jean-Louis, un mois auparavant, son revolver sur la tempe. Elle avait net-

1. Service des RG chargé de la gestion, la préparation, la réparation et l'installation des moyens sophistiqués de surveillance (vision, écoute, etc.).
2. Placer sur écoutes.

tement entendu le bruit du percuteur tapant dans le vide. Jean-Louis en riant lui avait dit qu'il jouait à la roulette russe mais que son arme n'était évidemment pas chargée.

Le soir de son suicide, Jean-Louis a défié le sort.

Il avait introduit deux cartouches dans le barillet.

XVIII

Quand nous perdons le leadership dans la lutte contre Action directe

Les tensions avec ma hiérarchie

Cet automne 1983 voit un changement de responsables au niveau de notre sous-direction de la recherche à la Direction centrale des RG.

D'abord la nomination d'un nouveau sous-directeur qui vient des RG traditionnels, ce qui sous-entend qu'il n'est pas expérimenté au niveau opérationnel. Je ne suis guère enthousiaste, le connaissant vaguement. Je pense qu'il n'a ni les qualités ni le profil d'un homme d'action, de terrain, apte à diriger un service tel que le nôtre.

J'ignore s'il est engagé politiquement mais son avancement rapide dans la carrière me laisse penser qu'il a des appuis chez les dirigeants du moment. Je ne vais pas tarder à m'apercevoir que ses convictions vont fortement influencer sa manière de gérer le problème d'Action directe.

Sous une bonhomie ironique qui masque une agressivité déguisée à mon égard, il me demande peu après son arrivée si mon engagement dans la lutte contre Action directe ne dépasse pas le cadre professionnel et ne dissimule pas un combat plus personnel, voire politique, contre « ces militants qui, certes, commettent des actions symboliques un peu trop violentes, mais qui ne représentent pas un danger nécessitant un tel déploiement de moyens et de fonctionnaires ».

Il semble éprouver à leur endroit un *a priori* favorable, une bienveillance surprenante.

J'ai beau lui rappeler la série de vols à main armée qu'ils ont commis, l'assassinat de Chahine, les meurtres de trois gardiens de la paix, il demeure dubitatif quant à leur réelle culpabilité.

Il ajoute : « Il y a d'autres priorités. L'extrême droite aussi est particulièrement redoutable. » Il a, lui aussi, comme notre directeur central, des idées préconçues qu'il aimerait voir étayer.

À chacune de nos rencontres, que j'essaie d'espacer le plus possible, il récidive et me reproche mon prétendu parti pris, toujours sur un ton narquois, m'appelant même par dérision « Monsieur Action directe ».

J'ai pourtant bien tenté de lui faire comprendre que je ne combats pas Action directe par partialité et choix délibéré, mais que ce sont les circonstances qui m'y ont contraint, que je ne fais qu'exercer au mieux mon travail sans passion exagérée et surtout sans haine particulière à l'encontre de ses membres.

Je m'attends à ce qu'il me propose un déplacement vers un autre poste ou à ce qu'il me confie la charge d'autres secteurs subversifs. Veut-il me décourager, m'inciter à demander une mutation ? Je ne lui donnerai pas ce plaisir. Qu'il prenne ses responsabilités ! C'est le cinquième patron que je pratique depuis quatre ans. Je pense qu'il ne durera pas à ce poste, deux ans tout au plus. Il suffit de patienter.

Il va utiliser une autre tactique pour me neutraliser : m'interdire de prendre la moindre initiative sans lui en avoir parlé auparavant, réduire l'effectif du groupe, diminuer mes moyens d'investigation et notamment les écoutes téléphoniques qui nous sont attribuées, puis en recréant une nouvelle structure indépendante de gestion et de manipulation des informateurs.

Comme futur responsable de cette nouvelle cellule, il nomme un de mes collègues de province qui a fait ses preuves dans la lutte contre les gauchistes, mais que je juge très dangereux par les méthodes très expéditives qu'il emploie : menaces, chantage et provocation.

Ce choix me semble surprenant et paradoxal pour un homme de gauche. Les activités de cette cellule seront ponctuées de bavures soigneusement tues et dissimulées.

C'est en son sein que sera formé le jeune enquêteur Dufourg, qui plus tard, devenu inspecteur, sévira aux Renseignements généraux de la préfecture de police où il se distinguera dans l'affaire du pasteur Doucé[1].

Peu de temps après sa prise de fonction, le récent sous-directeur nomme un nouveau chef de section. Il s'agit d'un commissaire que je connais, car il exerce à la direction centrale depuis plusieurs années. Là aussi, il y a erreur sur la personne. C'est un homme de dossiers, sans goût de l'action et du commandement sur le terrain.

Mal à l'aise, il ne domine pas le sujet, son comportement s'en ressent rapidement et provoque la méfiance et l'hostilité de tout le service.

---

1. Joseph Doucé, pasteur baptiste, fondateur du Centre du Christ libérateur, lieu de rencontre et d'accueil à Paris des minorités sexuelles, faisant l'objet de surveillances par le groupe des enquêtes réservées des Renseignements généraux de la préfecture de police. Il a été enlevé le 9 juillet 1990 et son corps a été retrouvé par la suite en forêt de Rambouillet. L'inspecteur Dufourg qui était en charge de la surveillance, a été entendu dans le cadre de l'enquête judiciaire. Il a bénéficié d'un non-lieu avant d'être révoqué pour une faute grave n'ayant rien à voir avec ce dossier.

Il a en plus la malchance de se voir adjoindre un jeune commissaire des RG parisiens, dont il sera bien heureux de se débarrasser : l'individu, huit mois plus tard, sera suspendu de ses fonctions, prologue à des poursuites judiciaires pour malversations. C'est dire la qualité de l'homme !

Je me souviens d'un incident peu banal qui s'est produit juste avant son départ.

Un soir, à l'occasion d'un pot dans le bureau des deux commissaires réunissant une vingtaine de fonctionnaires, une jolie jeune femme de ménage d'origine africaine, que l'on voyait épisodiquement quand elle remplaçait les préposés titulaires, fait irruption. Il y a bien trois ou quatre mois que je l'ai vue. Elle est enceinte.

Une main sur son ventre rebondi et pointant de l'autre main le fameux commissaire adjoint, elle s'adresse à la cantonade : « C'est lui qui m'a fait ça… sur son bureau, là. »

Silence et regards ébahis. Le mis en cause se contente d'un sourire. Elle poursuit, désignant le chef de service : « Lui, il peut témoigner, il nous a vus. »

Sur ce, elle passe comme si rien n'était, dans le bureau voisin pour poursuivre sa tâche.

Son adjoint déchu, le chef de section, sans me demander mon avis, me désigne par une note de service pour remplacer le séducteur du personnel d'entretien, en attendant la nomination d'un autre commissaire.

Les volontaires sont si rares que j'occuperai le poste pendant plus d'un an et demi.

Je garde pour autant mes attributions de chef de groupe spécialisé dans l'ultragauche européenne, mais mon patron exige que je vienne m'installer face à lui au bureau qui avait porté les fesses de la belle Africaine.

Est-ce pour me surveiller ? Il n'a pas dû prendre cette décision sans en parler au sous-directeur. Je soupçonne ce dernier de désirer, par cette promotion m'obligeant à superviser les activités des autres groupes, et notamment de celui orienté sur l'extrême droite, me voir m'investir davantage dans ce domaine pour lui fournir des motifs sérieux qui justifieraient ses craintes à l'encontre de cette mouvance.

Malheureusement pour lui, nous ne sommes pas confrontés, à l'exemple des autorités italiennes durant les années de plomb, au double terrorisme pratiqué simultanément par des organisations d'ultragauche et d'extrême droite. Nous ne trouvons qu'un os à ronger : le nouveau groupuscule rassemblant quelques dizaines de nasillons au sein d'un Parti nationaliste français et européen (PNFE) dont les principales activités sont surtout de fêter Jeanne d'Arc et les solstices.

L'une des premières directives que mon nouveau chef me donne survient un matin déjà chaud de juin 1984. Je l'accompagne à la préfecture de police pour assister à une réunion. Quittant le bureau, je prends les clés d'une voiture de service disponible, garée non loin du ministère. Nous montons dans un véhicule surchauffé par le soleil. Cela le met hors de lui. Il me dit : « En rentrant vous me trouverez l'abruti qui a garé ce véhicule et vous me préparerez une note de service spécifiant que dorénavant les voitures devront être stationnées à l'ombre. »

Il a ce genre de réflexions qui n'améliore pas ses relations avec le personnel. J'aurai beaucoup de difficultés à faire le tampon entre lui et mes collègues.

Les lettres anonymes adressées au chef de la Brigade criminelle

Je reviens à cet automne 1983. La vague d'attentats de l'été, revendiqués par Action directe, a été une véritable déclaration de guerre contre le pouvoir socialiste. Nous avons perdu la trace de Rouillan et de ses amis, à nouveau dans la clandestinité.

Au début du mois d'octobre, le nouveau patron de la Brigade criminelle, le commissaire Genthial, futur directeur central de la police judiciaire, nous convie dans son service à une réunion pour évoquer deux lettres anonymes qui lui ont été adressées courant septembre. Elles mettent en cause un militant bien connu, Mohand Hamami, l'accusant d'être l'un des tueurs de l'avenue Trudaine, et une certaine Frédérique alias Blond-Blond, dernière recrue d'Action directe, pour avoir participé au hold-up de la bijouterie Aldebert.

Les lettres, manifestement du même auteur, précisent que les membres d'Action directe disposent d'un appartement, 42 rue de la Montagne-Sainte-Geneviève dans le 5e arrondissement.

Le commissaire Genthial, dont les sections antiterroristes sont surchargées de travail, propose que notre service prenne en charge l'exploitation de ces renseignements.

Bien entendu je suis d'accord, mais mon chef intervient, disant qu'il ne peut s'engager sans l'aval de son sous-directeur. Il donnera une réponse le lendemain.

Le sous-directeur refuse, prétextant un manque de personnel et de moyens. J'essaie de le faire revenir sur sa décision. Mon intuition me dit que les renseignements sont plausibles. J'insiste, persuadé que l'on passe à côté d'un moyen de rétablir le contact avec Action directe. Peine perdue, il persiste dans son refus et me charge de surcroît de prévenir la Brigade criminelle.

En allant Quai des Orfèvres, je passe par la rue de la Montagne-Sainte-Geneviève pour me faire une idée des lieux. L'appartement signalé présente toutes les apparences d'un point de chute opérationnel. C'est à vérifier.

J'en fais part au commissaire Genthial. Pour pallier notre défection, il confie l'enquête à un groupe de droit commun qui, en quelques mois, identifie Blond-Blond, en réalité Frédérique Germain, une des maîtresses de Claude Halfen alias « Casquette », contrainte par celui-ci de participer à certaines actions du groupe (dont le braquage de la bijouterie Aldebert) et d'héberger ses membres dans son appartement du boulevard Voltaire après la tuerie de l'avenue Trudaine.

Après son arrestation, Frédérique Germain se placera sous la protection de la police. Elle sera le principal témoin à charge dans le procès des meurtres de l'avenue Trudaine dont les principaux accusés sont Mohand Hamami, Régis Schleicher, Nicolas Halfen et deux ressortissants italiens des Communistes organisés pour la libération prolétarienne (COLP), Gloria Argano et Franco Fiorina, qui se sont rapprochés et font cause commune avec Action directe. Ils seront arrêtés plus tard en Italie.

Les missions annexes

Cette entrevue avec le commissaire Genthial est la dernière réunion officielle à laquelle je participe. Dorénavant, ces rencontres seront assumées par le trio formé par mon sous-directeur, mon chef de section et le nouveau responsable de la cellule des informateurs.

Action directe n'est plus pour eux un objectif prioritaire. Ils sont toujours à la recherche du moindre incident provoqué par un militant d'extrême droite pour justifier leurs soupçons ou plutôt pour apporter de l'eau au moulin de ceux qui souhaitent voir le danger du côté de l'extrême droite.

Nous perdons notre temps dans des activités qui n'ont pas, à mon sens, un grand intérêt. À la demande de l'Élysée, nous prenons à notre charge durant plusieurs semaines la surveillance de Jean-Edern Hallier[1] qui menace de faire des révélations sur le président de la République et notamment sur l'existence de sa fille cachée, Mazarine Pingeot.

Puis nous sommes accaparés quelques temps par l'Alliance révolutionnaire caraïbe (ARC), signataire de plusieurs actions en Guadeloupe, en Martinique et en métropole. Nous avons soi-disant, selon le triumvirat, un informateur à Paris, un tenancier de bar antillais, qui doit nous mener aux agitateurs. En fait, menacé de voir son établissement fermé par mesure administrative, il invente une rencontre dans un pavillon de la banlieue sud à laquelle il doit participer et où les poseurs de bombes de l'ARC doivent s'approvisionner en armes et explosifs.

La Brigade criminelle ainsi que la BRI sont prévenues. Un grand dispositif mixte se met en place.

Il est convenu entre l'informateur et son traitant que si l'informateur sort de la réunion avec la veste sur le bras, cela veut dire que les participants ont des armes et explosifs et que la police peut intervenir de suite. Sinon, s'il sort la veste enfilée, cela suppose que la livraison n'a pas eu lieu. Alors nous nous contenterons d'une filature.

1. Brillant polémiste et provocateur, fondateur de *L'Idiot international*, déçu de n'avoir pas été nommé ministre de la Culture par François Mitterrand.

Nous observons l'arrivée de l'indicateur et de trois autres personnes d'origine antillaise.

Une heure après, ils sortent tous ensemble. L'indicateur a son veston seulement posé sur ses épaules, soit dans aucune des deux situations envisagées. Moment d'hésitation. Qu'est-ce que cela veut dire ? Quel est le message ? Que faire ?

Brefs échanges radio pour décider de la conduite à tenir. Le temps suffisant toutefois pour les Antillais de disparaître. Inutile de transcrire la réaction de nos collègues de la PJ...

Quand nous arrivons au service, le chef de la cellule informateurs nous signale que l'Antillais vient de l'appeler au téléphone pour l'avertir que ses amis se sont rendus dans un immeuble situé au 16 de la rue de Pali-Kao, à l'angle de la rue de Tourtille dans le 20ᵉ arrondissement.

Pris d'une sourde colère, je me rends immédiatement sur les lieux pour découvrir que cette adresse n'existe plus. Information prise, tout le côté pair de la rue de Pali-Kao a été rasé depuis trois mois dans le cadre d'une réhabilitation du quartier.

Déjà pas très bien perçus Quai des Orfèvres, nos nouveaux chefs vont perdre tout crédit et achever de se ridiculiser avec cette affaire au point de se faire baptiser « les Pieds Nickelés ».

Autre situation nettement plus grave les concernant. Elle met en jeu un informateur de la mouvance de soutien à Action directe, déjà traité par les Renseignements généraux de la préfecture de police et travaillant en extra depuis peu pour nous, sans que ses traitants initiaux soient prévenus. L'informateur y trouve son intérêt, car il est doublement rétribué pour les mêmes informations – qu'il sert deux fois –, jusqu'au jour où le chef de la cellule lui fournit dix kilos d'explosifs, avec l'ordre de trouver des exécutants dans la mouvance qu'il fréquente pour commettre un attentat.

L'informateur, embarrassé par ce cadeau, l'entrepose dans un premier temps dans une consigne de la gare de l'Est, puis, tout repentant, n'a d'autre choix que de remettre les explosifs à ses premiers employeurs, les RG de la préfecture de police.

Je prends connaissance bien involontairement de ce type d'histoires par mes fonctions d'adjoint. Mon domaine, Action directe, n'intéresse pas la hiérarchie. On considère que la recherche et la poursuite de ses membres sont du domaine judiciaire. Mon groupe a été réduit comme peau de chagrin à cinq fonctionnaires, souvent appelés en renfort sur d'autres objectifs.

Je garde néanmoins des contacts officieux avec certains collègues de la Crim' avec lesquels j'ai sympathisé. Ils m'informent des résultats de leurs enquêtes et n'hésitent pas à me demander mon avis.

Je peux suivre ainsi, du bureau, les investigations sur la branche internationaliste d'Action directe.

XIX

Les nouveaux axes de recherches

Helyette Bess, nouveau fil conducteur

Helyette Bess, figure de la mouvance libertaire parisienne depuis les années 1970, dont la librairie, Le Jargon libre, est le point de rassemblement de tous les anarchistes, ressurgit en première ligne. Elle est très respectée, d'une part par sa maturité (c'est une femme de la génération précédente surnommée « la Vieille » ou « la Mamma »), d'autre part par son aura de militante très engagée. Pourtant elle n'a jamais franchi la ligne jaune de la violence.

Désavantagée par un physique ingrat, elle compense par une générosité qui la rend attachante. Elle consacre de nombreux week-ends aux visites de détenus et procure à ceux-ci des aides financières à la mesure de ses moyens.

Les locaux de son commerce, ainsi que son appartement situé au-dessus, ont déjà fait l'objet de multiples descentes de police. J'ai eu l'occasion d'assister à l'une d'elles au petit matin. Très décontractée, elle assiste à la perquisition, silencieuse, se promenant nue au milieu des policiers, nullement intimidée, imposant sa laideur. Le collègue de PJ rompu à son manège me dit : « C'est son habitude. C'est sa façon de montrer qu'elle est chez elle et de protester. »

Pour Action directe, sans participer aux actions militaires, elle va pourtant perdre l'indépendance qui la caractérisait jusqu'alors en apportant une aide logistique aux membres du groupe comme messagère et en recherchant et louant des appartements.

Je pense que son engagement est motivé par le sentiment filial qu'elle a développé pour Régis Schleicher et qui doit remonter à fin 1982-début 1983, période au cours de laquelle tous deux ont animé une campagne d'agitation contre le système carcéral au sein d'un comité de soutien baptisé « Défense active ».

Surveillée très étroitement par les RG de la préfecture de police, Helyette Bess apparaît ainsi comme intermédiaire dans la location d'un appartement conspiratif à Levallois-Perret où se retrouvent régulièrement les membres d'Action directe.

Ses principaux utilisateurs, Rouillan et Schleicher, réussissent à s'échapper au moment de l'intervention conjointe des RG parisiens et de la BRI, le 2 février 1984. Seul Vicenzo Spano, membre des COLP, est interpellé, ce qui confirme le rapprochement opéré entre Action directe et cette formation transalpine.

Pourquoi cet échec ? Que s'est-il passé exactement ? Je l'ignore. Je pense qu'il y a eu une mauvaise coordination entre les deux services. Encore une occasion manquée d'arrêter Rouillan.

Les attentats ont repris. Le 29 janvier 1984, une bombe explose devant les établissements Panhard-Levassor dans le 13e arrondissement pour protester contre l'intervention française au Tchad[1].

1. Opération « Manta ». La France engage des moyens militaires pour soutenir Hissène Habré contre l'agression libyenne.

Quelques jours auparavant, le 24 janvier, Joëlle Aubron, devenue Mme Schleicher en prison, recouvre la liberté. Elle a mis à profit son séjour carcéral pour obtenir son baccalauréat. Helyette Bess lui confiera quelques mois après son arrestation la gestion de sa librairie, mais Joëlle Aubron retrouvera vite ses camarades dans la clandestinité.

Le loupé de la police belge

Après l'opération en partie manquée de Levallois-Perret, Helyette Bess va à nouveau servir de trait d'union pour renouer le contact avec Action directe.

Un soir du début mars 1984, le hasard aidant[1], des fonctionnaires de la BRI entament une filature gare du Nord derrière Helyette Bess qui les conduit à Strasbourg où elle retrouve Schleicher. Il circule à bord d'une Toyota rouge immatriculée en Belgique.

Le couple se rend à Metz où Helyette Bess prend le train pour Paris, tandis que son compagnon est perdu dans les environs de la ville.

Les policiers belges sont avertis. La Toyota est une voiture de location.

J'ignore comment leur a été présentée l'affaire et s'ils ont pris conscience sur le moment de la dangerosité des utilisateurs du véhicule, mais le dénouement est digne d'une histoire belge.

1. Helyette Bess est repérée de façon fortuite aux guichets de la gare du Nord par un policier de la BRI qui rentre chez lui en fin de journée et qui la connaît bien pour l'avoir déjà surveillée. Il a juste le temps de s'enquérir de son lieu de destination et de prévenir ses collègues avant de s'attacher à ses basques.

Le 13 mars en matinée, l'un des policiers qui attendent dans les locaux de l'agence de location que les utilisateurs restituent le véhicule est pris en otage par le trio Rouillan, Ménigon et Schleicher. Il s'agit de l'inspecteur Arnould qui sera ensuite abandonné, menotté, sa carte de police et son arme de service subtilisées.

Encore une occasion ratée de les mettre hors d'état de nuire.

Arrestations en série

Les événements se précipitent. Le 14 mars, Helyette Bess, toujours sous surveillance de la BRI, conduit les policiers qui la suivent chez ses amis politiques du Pontet dans le Vaucluse, la famille Marti-Verdu, où Schleicher, venu la retrouver, sera arrêté le lendemain.

Le 22 mars, à Paris, la Brigade criminelle passe à l'action. C'est au tour des frères Halfen d'être interpellés, puis quelques jours plus tard du couple Jean Asselmeyer et Dominique Poirée, vieilles connaissances, que nous avions surveillés durant les années 1975-1977, lorsqu'ils animaient un comité de soutien aux emprisonnés de la bande à Baader, le CIDPPEO[1], et que nous avions perdus de vue. Ils sont de la génération précédente et je suis étonné de les retrouver dans l'environnement d'Action directe.

D'Asselmeyer, j'ai conservé le souvenir d'un homme extrêmement prudent, toujours entouré de jeunes militantes. Qu'il se soit engagé et mouillé avec des terroristes me paraît

1. Comité international de défense des prisonniers politiques en Europe de l'Ouest.

incroyable. A-t-il joué un rôle déterminant dans le rapprochement Action directe-RAF ? C'est vraisemblable en raison des relations qu'il a toujours entretenues avec les terroristes allemands.

Une nouvelle fois, le couple Rouillan-Ménigon réussit à passer entre les mailles du filet.

Les perquisitions amènent la découverte d'armes, de munitions et d'une quantité de documents administratifs vierges français, belges et italiens. Ces diverses saisies illustrent une fois de plus l'internationalisation d'Action directe et son alliance au niveau européen avec d'autres groupes terroristes, qui se traduit durant les mois de mai et juin 1984 par une série inquiétante de vols d'armes et d'explosifs commis en France, en Suisse et en Belgique pour reconstituer leurs stocks avant de repartir à l'action.

XX

Vers une européanisation du terrorisme

Une nouvelle série de six attentats ponctue les mois de juillet et août 1984 à Paris.

Ils sont dirigés contre des édifices abritant des organismes internationaux en relation avec l'OTAN.

La tentative du 22 août contre le siège de l'Union de l'Europe occidentale (UEO) retient l'attention, car elle signe un changement dans la stratégie d'Action directe.

Cette action volontairement manquée indique une escalade dans la gamme des attentats par explosifs, à l'instar des actions de la RAF qui ne sont plus des actions symboliques mais qui visent à blesser et tuer un maximum de personnes, en utilisant des véhicules bourrés d'explosifs. La voiture prévue pour l'attentat contre l'UEO contient en effet vingt-cinq kilos de trinitrotoluène (TNT).

Elle dévoile aussi la répugnance de Rouillan et Ménigon à utiliser de tels moyens et de rechercher un tel résultat. Ces « attentats massacres » qu'ils ont toujours dénoncés et ont refusé de commettre. Aussi, Nathalie Ménigon prévient-elle par téléphone les services de police qu'une charge importante d'explosifs risque de faire des victimes innocentes.

Ce sera leur ultime réaction avant leur engagement au côté de la RAF qui va les conduire à l'assassinat politique.

La campagne contre l'OTAN lancée durant l'été 1984 se poursuit en octobre. Deux attentats par explosifs endommagent les locaux de la société Messier-Hispano-Bugatti à Montrouge et des établissements Marcel Dassault à Saint-Cloud.

Dans le texte de revendication adressé à l'AFP où elle reconnaît la participation de plusieurs de ses membres à la fusillade de l'avenue Trudaine, Action directe admet une convergence politique avec les CCC belges, confirmant ainsi la connivence qui existait déjà entre les deux formations depuis 1981/1982. On se souvient de l'accident de circulation survenu le 27 mai 1982 sur l'autoroute du Nord, dont furent victimes Nathalie Ménigon et le leader des CCC, Pierre Carette, alors qu'ils transportaient de la documentation gauchiste entre Bruxelles et Paris.

Puis c'est le traité d'alliance avec la RAF que reçoit l'AFP le 15 janvier 1985 sous la forme d'un communiqué bilingue, franco-allemand, intitulé dans sa version française « Pour l'unité révolutionnaire en Europe de l'Ouest ».

Par ce traité, Action directe et la RAF entendent « ouvrir une nouvelle phase de développement de la stratégie révolutionnaire [...], créer une organisation internationale du combat prolétaire ! Un front politico-militaire en Europe de l'Ouest ».

Le 25 janvier, Action directe revendique par téléphone son premier assassinat politique sur la personne de l'ingénieur général Audran[1], exécuté par le « COMMANDO ELISABETH VAN DICK-ACTION DIRECTE », du nom d'une militante allemande abattue par la police.

1. Ingénieur en chef de l'armement et directeur des Affaires internationales au ministère de la Défense, abattu devant son domicile à La Celle-Saint-Cloud.

Quelques jours après, la RAF, à son tour, assassine le 1er février à Munich l'industriel allemand Ernst Zimmerman[1].

C'est encore l'occasion de me heurter avec mon sous-directeur. Malgré les revendications confirmées par la PJ, il émet à nouveau des réserves sur la participation active des membres d'Action directe à l'assassinat d'Audran.

Il est intoxiqué par le chef de la cellule des informateurs, lequel aurait recueilli les confidences d'une prostituée de Bordeaux accusant des tueurs professionnels de cette élimination, suite à un contrat conclu entre les dirigeants d'Action directe et le milieu. Et mon sous-directeur de conclure : « L'emploi d'armes de calibre 11.43 ferait plutôt penser à un règlement de comptes de type mafieux. » Il oublie, le pauvre, que lorsque nous avons arrêté Rouillan et Ménigon, rue Pergolèse, tous deux étaient équipés d'armes de même calibre.

Sa réflexion me fait exploser : « Faire appel à des truands ! Vous n'avez vraiment rien compris à leur psychologie. Ils n'ont pas cette lâcheté. Si on peut reconnaître une qualité à Rouillan et à son équipe, c'est bien le courage dont ils font preuve pour assumer eux-mêmes leur dérive au risque de leur vie. »

À quoi bon ressasser les mêmes arguments. Il est persuadé que j'ai un compte personnel à régler avec eux. Ce serait risible si ce n'était pas aussi grave.

Dans la deuxième quinzaine du mois d'avril, Action directe revendique six attentats à l'explosif contre les locaux de la banque israélienne Leumi, l'Office national de l'immigration, le journal *Minute*, le Fonds monétaire international, la société Télécommunications radioélectriques et

1. Président de l'Association fédérale de l'industrie de l'air et de l'espace, assassiné parce qu'il représente le complexe militaire industriel.

téléphoniques et la Société anonyme de télécommunications, pour dénoncer « la propagande sioniste, colonialiste et anti-immigrée en France ainsi que le redéploiement stratégique, politique, économiste et militaire des centres impérialistes concrétisés par le sommet de Bonn ».

Le 26 juin 1985, le général Henri Blandin, contrôleur général des armées, échappe de peu à une tentative d'assassinat grâce à la présence d'esprit et à la réaction rapide de son chauffeur.

Le 2 juillet, Action directe, dans un texte adressé à plusieurs journaux parisiens, explique que l'échec de l'opération est d'ordre technique et que cette opération se situe dans la continuité de son offensive déclenchée à la mi-juillet 1984 contre l'OTAN, avec la collaboration des autres organisations de lutte armée en Europe de l'Ouest, c'est-à-dire avec la RAF en Allemagne, les CCC et le FRAP en Belgique.

Pour confirmer ses dires, Action directe et la RAF revendiquent l'attentat à la voiture piégée commis le 8 août sur la base américaine Rhin-Main de Francfort, faisant deux morts et une vingtaine de blessés.

L'arrestation le 15 août à Bruxelles de Chantal Paternostre, membre du FRAP, va mettre en exergue l'existence de la filière franco-germano-belge. Cette arrestation fait suite à un attentat manqué le 26 juin contre un bâtiment de construction électrique à Charleroi. L'explosif récupéré dans une Cocotte-Minute provenait du stock volé à Écaussinnes en juin 1984, déjà utilisé pour commettre des attentats en Belgique revendiqués par les CCC, en France par Action directe et en Allemagne fédérale.

Des indices apparus à l'occasion des perquisitions effectuées à Uccle et à Anderlecht établissent d'autre part que ces deux endroits ont été fréquentés par les membres d'Action directe. Les policiers y retrouvent notamment les documents de location du véhicule Toyota utilisé par Schleicher et, dans l'appartement d'Uccle, ils relèvent les traces digitales de Rouillan, Ménigon, Aubron, ainsi que celles d'un nouveau venu, Georges Cipriani. Ils saisissent aussi des photographies des quatre militants prises pendant qu'ils s'amusaient à s'exercer au tir dans un stand de fête foraine.

Nous redécouvrons Georges Cipriani, identifié en 1983, lorsqu'il occupait une chambre louée par Helyette Bess, rue des Victoires (9e). Il était alors signalé pour appartenir au premier cercle des sympathisants proches des membres de la RAF et vivait à Francfort avec une militante allemande, Ingeborg Singer. Il était aussi apparu parmi les relations de Frédérique Germain et des frères Halfen durant les surveillances de la Brigade criminelle.

Parlant couramment l'allemand, il est certainement, avec Jean Asselmeyer, à l'origine du rapprochement entre Action directe et la RAF.

Ainsi, en cette fin d'été 1985, se détache le dernier carré d'Action directe, tel que nous le situerons deux ans plus tard à Vitry-aux-Loges.

Pour l'instant, ils ont fui la Belgique et nous n'avons aucune idée du lieu où ils se sont réfugiés.

XXI

La troisième branche lyonnaise d'Action directe

Les attentats de l'automne 1985

Quatre attentats par explosifs troublent la nuit du 4 au 5 septembre à Paris. Ils visent des établissements en relation avec l'Afrique du Sud.

Le 14 octobre, ce sont les locaux de la Maison de la radio et d'Antenne 2 qui sont concernés, puis le 17, ceux abritant la Haute Autorité de la communication audiovisuelle, afin de dénoncer le passé de Le Pen en Algérie et ses diverses interviews à l'antenne.

Ces attentats auxquels on peut en rattacher d'autres commis antérieurement m'interpellent ; d'abord parce qu'on retrouve le mode opératoire pratiqué habituellement par Action directe avant que le groupe Rouillan ne durcisse ses actions et passe à l'assassinat politique ; puis aussi par le choix des cibles, la forme et le fond des revendications.

Il y a comme un hiatus, une dissonance entre ces attentats classiques et ceux, beaucoup plus virulents, adoptés dorénavant par Rouillan qui dépassent le simple effet symbolique. J'ai du mal à intégrer qu'Action directe revienne aux formes d'actions qui étaient les siennes à ses débuts. J'en conclus que ces attentats ont d'autres auteurs.

D'où la question : y a-t-il interférence d'un autre groupe se réclamant de la même appellation dont les actions auraient été amalgamées avec celles revendiquées par la vraie Action directe ?

Compulsant mes archives et analysant attentivement les documents ayant trait à la scission survenue dans les rangs d'Action directe au cours de l'année 1982, je relis les déclarations de Rouillan à l'occasion de son interview par *Libération*.

Il dit : « Il y a **trois** tendances dans Action directe… »

Sur le coup, je n'y avais guère attaché d'importance, pensant que Rouillan avait commis un lapsus ou qu'il s'agissait d'une erreur de transcription.

Deux tendances ont depuis été démarquées. Celle des internationalistes et anti-impérialistes regroupés autour de Rouillan. Celle, éradiquée, des nationalistes et anticapitalistes représentée par Moreau.

Qui peut donc bien être le chef de file de la troisième ?

J'ai une petite idée qui me turlupine depuis que je suis réduit à l'inaction.

Je pense à André Olivier, l'un des fondateurs d'Action directe qui a disparu depuis l'hiver 1979-1980 et dont nous n'avons aucune trace.

Pourtant, je le cite à la fin de l'année 1982 dans une note de contact avec un informateur qui nous révèle qu'André Olivier est à la tête d'un petit groupe lyonnais avec deux comparses, Émile Balandras et Maxime Frérot. Le trio a revendiqué quelques attentats par explosifs commis au cours de l'année dans la région lyonnaise au nom de « l'Affiche rouge », en référence aux résistants immigrés du groupe FTP-MOI[1]. Cette courte campagne n'a duré que quelques mois et n'a pas eu de suite.

1. Groupe parisien des Francs-tireurs et partisans de la main-d'œuvre immigrée,

On retrouve la même référence aux résistants des FTP-MOI dans un communiqué adressé à l'AFP en novembre 1982, signé Action directe-Unité combattante Marcel Rayman (du nom de l'un des 23 fusillés, jeune juif d'origine polonaise), revendiquant sa participation aux attentats du mois d'août à Paris contre des sociétés israélites. Ses rédacteurs se déclarent juifs et condamnent l'intervention israélienne au Liban.

On peut lire notamment : « Juifs, indignés de voir certains de ceux qui ayant vécu cruellement l'horreur du fanatisme nazi et stalinien, sombrer dans un racisme fanatique justifiant les camps d'internement, les lois raciales [...] Juifs, qui n'accepteront jamais la facilité qui permet à certains de faire rimer Juif et sioniste, antisionisme et antisémitisme... »

Cette « Unité combattante Marcel Rayman » au sein d'Action directe a-t-elle réellement été constituée ? Son existence est douteuse.

Le communiqué à l'AFP, son unique manifestation publique, s'apparente plutôt à une prise de position idéologique de l'un des derniers venus à Action directe, fin 1981-début 1982, à savoir Claude Halfen, juif d'origine russe, lequel a voulu ainsi se démarquer et associer son engagement à celui des jeunes résistants communistes immigrés.

---

organisation militaire du Parti communiste pour les étrangers, appelé encore du nom de son chef, Groupe Manoukian, dont 23 de ses membres ont été fusillés le 21 février 1944 au Mont-Valérien. Beaucoup d'entre eux étaient juifs, originaires des pays de l'Est. Des affiches rouges représentant en médaillon les principaux membres fusillés ont été placardées ensuite par milliers d'exemplaires sur le territoire français pour servir la propagande xénophobe et raciste de Vichy, et des nazis contre « les menées terroristes » des résistants. « L'Affiche rouge » a été immortalisée par un poème d'Aragon, mis en musique par Jean Ferrat et chanté par Léo Ferré.

À Lyon, l'enquête judiciaire n'ayant donné aucun résultat, l'Affiche rouge a été délaissée par les Renseignements généraux locaux malgré plusieurs interventions de ma part pour que la section recherches s'investisse davantage et poursuive son travail sur les membres signalés de ce groupuscule dirigé par André Olivier. Bien en vain, le patron de la section recherches de l'époque avait d'autres objectifs en vue et surtout ne voulait pas être aux ordres des services parisiens... L'Affiche rouge est tombée dans l'oubli.

Grave négligence qui permettra le développement de la branche lyonnaise d'Action directe.

J'ai donc l'intention de relancer mes collègues de la section recherches des RG de Lyon sur André Olivier pour savoir s'ils ont une idée du lieu où il se trouve et pour leur demander de localiser sa famille, son ex-épouse et ses deux filles.

À la recherche d'André Olivier

Je vais être aidé par les circonstances.

Le chef de section lyonnais qui faisait jusqu'à présent obstruction à nos incitations à travailler sur André Olivier n'est plus là et mon sous-directeur s'en va ! Son remplaçant, bien qu'il soit de même opinion politique, me fait bonne impression. Il a une autre approche de la question et il ne me cache pas son inquiétude face aux orientations gravissimes prises par Action directe.

Au cours d'un long entretien, je lui résume la situation, notre incapacité présente à remonter jusqu'à l'équipe Rouillan, devenue une chasse gardée de la police judiciaire parisienne. Puis je lui expose mon hypothèse relative à la troisième tendance et les soupçons que j'ai sur le maillon manquant, André Olivier.

Il semble me faire confiance et me demande :

« Que suggérez-vous ?

– Pour commencer, je propose de revoir l'environnement familial d'André Olivier dans la région lyonnaise afin de savoir ce qu'est devenue sa fille Anne qui vivait avec lui à Paris, et de réactualiser nos notices de renseignements sur Balandras et Frérot. La section recherches de Lyon est bien placée pour commencer les premières investigations. Au niveau parisien, je reprends toute notre documentation pour éventuellement trouver une piste susceptible de nous mener à lui.

– Parfait, me dit-il. Je vous suis. J'appelle le régional de Lyon pour qu'il mobilise ses gens en ce sens. De votre côté, mettez-vous directement en rapport avec vos collègues de la section recherches pour expliquer ce que vous désirez. »

Nous reprenons tous les renseignements amassés sur André Olivier et sur ses relations durant la fin des années 1970. Plusieurs jours nous sont nécessaires pour éplucher et essayer de resituer ses proches. Peines perdues, nous ne trouvons rien d'intéressant.

Le service de Lyon connaît plus de réussite. Il a localisé le domicile d'Évelyne Olivier, l'ancienne femme d'André Olivier, dans un groupe d'immeubles tout proche du bâtiment abritant leur section. Évelyne Olivier est toujours enseignante et vit désormais avec un nouveau compagnon, lui aussi professeur, et avec sa fille Anne, lycéenne, âgée maintenant d'une quinzaine d'années.

Pour les deux anciens complices d'Olivier, Balandras est incarcéré pour vols tandis que Frérot a disparu.

La ligne téléphonique de l'appartement d'Évelyne Olivier est rapidement placée sur écoutes.

Les jours passent. Novembre arrive à sa fin et nous n'avons pas progressé. La production des écoutes est faible et les conversations sans rapport avec notre objectif.

La dernière mission de Joseph Tournel

Un de mes collègues, Jacques, qui anime un autre groupe, me conseille en parlant d'Olivier : « Tu devrais en parler à Paul [le pseudo de Tournel]. Il connaissait très bien André Olivier. Il peut t'aiguiller. »

Jacques, lorsqu'il dépendait du service de gestion des sources humaines a en effet traité Paul durant plusieurs mois. Il sait où le joindre. Paul tient un petit estaminet dans un village du Pas-de-Calais près de Lens. Il l'appelle et convient avec lui que nous nous retrouvions autour d'une table.

Nous le rejoignons quelques jours plus tard dans un restaurant du coin. Nous évoquons pour commencer le temps de la Gauche prolétarienne, de Geismar, Benny Levy, July et Olivier Rolin, tous devenus de bons bourgeois, puis nous entamons le sujet qui motive notre déplacement.

André Olivier ? Il ne l'a pas revu depuis sept ou huit ans et il n'a aucune idée du lieu où il peut se trouver. Quant à Évelyne Olivier, il l'a approchée à plusieurs reprises lorsqu'elle militait dans les années 1970 avec son mari dans les rangs de la Gauche prolétarienne lyonnaise. Il avait bien sympathisé avec elle. Il doit encore avoir chez lui son adresse de l'époque. On l'informe qu'elle a déménagé et qu'elle figure sur l'annuaire téléphonique de Lyon.

Il veut bien essayer de reprendre contact en espérant qu'elle ignore les rumeurs de « balance des RG » qui courent à son sujet, suite aux révélations du « copain national ».

Il doit d'ailleurs aller, en début d'année, dans la région de Grenoble où se fabriquent les inhalateurs qu'il vend aux anciens mineurs du Nord silicosés. Il va prendre prétexte de son passage à Lyon pour l'appeler et lui proposer une rencontre.

Le lendemain matin, Paul nous informe qu'il a joint Évelyne. Elle a été agréablement surprise de son appel, aimerait le revoir et lui a même proposé de l'héberger une ou deux nuits à l'occasion de son voyage à Grenoble.

Mi-janvier, nous attendons Paul gare du Nord pour le conduire gare de Lyon. Évelyne l'attend et l'hébergera pour la nuit. Il partira ensuite à Grenoble pour un ou deux jours avant de revenir directement à Paris où nous l'attendrons.

Le jour venu, nous sommes sur le quai, impatients de retrouver notre ancien mineur. Au téléphone, il nous a appâtés en disant qu'il rapportait des renseignements très intéressants.

Il arrive enchanté de son déplacement et surtout d'avoir voyagé pour la première fois en TGV. On a largement le temps de déjeuner ensemble avant de le conduire gare du Nord.

Attablés, nous l'écoutons, stupéfaits.

Évelyne est dans un état d'anxiété qui l'a surpris, c'est presque de l'affolement. André Olivier est revenu dans la région lyonnaise depuis 1980 pour lui confier Anne dont il ne peut plus s'occuper. Il a basculé avec d'autres comparses dans la clandestinité et le banditisme. Ils ont braqué plusieurs banques et auraient du sang sur les mains. Ils commettent aussi des attentats politiques en région parisienne.

Le pire pour Évelyne, c'est qu'il exige que sa fille Anne passe ses vacances scolaires dans leur repaire du côté de Saint-Étienne. Anne n'en parle pas, mais sa mère la sent très perturbée lorsque les vacances approchent. À son retour de ces séjours imposés, Anne reste muette plusieurs jours. Sa mère ne sait que faire et redoute l'avenir.

C'est un appel au secours d'une maman qui ne sait à qui se confier.

A-t-elle appris ou se doute-t-elle que Joseph Tournel est un informateur ?

A-t-elle l'espoir de voir son cauchemar prendre fin par l'intervention de la police ?

Je rends compte immédiatement de ces informations à mon nouveau sous-directeur sur instruction de mon chef de section, lequel se désintéresse du sujet, plus occupé je crois par la recherche d'une nouvelle affectation depuis le départ de celui qui l'avait placé à la tête du service.

Je propose donc de prendre sous surveillance Anne aux prochaines vacances d'hiver qui sont toutes proches.

Le sous-directeur donne son accord, précisant que la section de Lyon sera maître d'œuvre et que mon groupe renforcé par d'autres fonctionnaires du service ne fera que l'assister.

La première tentative de surveillance d'Anne échoue

Le vendredi 14 février au petit matin, nous sommes une dizaine à partir pour Lyon avec cinq ou six véhicules d'appoint afin d'assister les RG locaux organisateurs du dispositif de filature.

Le briefing nous réunit en début d'après-midi. La section recherches de Lyon a déjà effectué plusieurs surveillances sur Anne à la sortie du lycée qu'elle fréquente, à cinq cents mètres de son domicile, parcours qu'elle fait à pied. Elle a été photographiée. Plusieurs clichés agrandis sont affichés au mur du bureau.

Comme je l'ai déjà mentionné, l'appartement d'Évelyne Olivier est tout proche des locaux de la section recherches. On a la chance d'apercevoir, des fenêtres du service, celle de la chambre d'Anne à cent mètres.

À l'aide d'une longue-vue, on peut voir une partie de la pièce et notamment le petit bureau où elle travaille.

Nous faisons une reconnaissance du groupe d'immeubles où se situe l'appartement, desservis par huit escaliers, qui doivent tous être surveillés car ils communiquent entre eux par les sous-sols.

À 16 h 30, tout le dispositif en équipes mixtes (un Parisien, un Lyonnais) est en place. Je me tiens avec le chef de groupe de Lyon à proximité de l'entrée de l'escalier principal menant directement à l'appartement qu'Anne utilise habituellement.

À 17 h 10, l'équipe en planque au lycée nous signale la sortie d'Anne accompagnée de deux autres lycéennes. Elles se séparent peu après et Anne rentre chez elle par son itinéraire habituel.

Elle marche rapidement. Il fait froid et la nuit tombe.

Sa chambre s'éclaire. Le collègue en observation à la longue-vue nous confirme qu'Anne s'est assise à son bureau. Elle travaille.

À 19 heures, il nous signale qu'Anne a quitté sa table de travail. Elle n'apparaît que rarement dans son champ de vision. Elle doit s'affairer dans l'appartement.

À 19 h 25, la lumière de la chambre s'éteint.

À l'extérieur nous n'avons rien remarqué d'anormal. Nous attendons la sortie d'Anne.

Cinq… Dix… Quinze minutes s'écoulent et nous ne voyons toujours pas notre jeune fille.

À 20 heures, Évelyne Olivier et son compagnon sortent de l'immeuble et se dirigent vers leur voiture garée à quelques mètres de nous. L'auto démarre en direction du centre-ville.

Un quart d'heure après, mon collègue de Lyon sort de la voiture et pénètre dans la cour intérieure des bâtiments pour observer les fenêtres de l'appartement non visibles de la rue. L'appartement n'est plus éclairé.

Du service, l'observateur procède à un sondage téléphonique pour savoir si Anne est toujours là-haut. Aucune réponse.

L'appartement est vide. Anne a disparu. Elle est sortie sans qu'on la remarque. Comment ?

Ou alors, elle a pu se rendre dans un appartement voisin sans sortir dans la rue. Nous l'évoquons sans y croire. Le lendemain, par précaution, nous continuons la surveillance durant la journée pour bien nous assurer qu'Anne n'est plus là.

Lorsqu'à mon retour à Paris je fais mon rapport à mon sous-directeur, je dois reconnaître que nous nous sommes fait berner par une gamine. Qu'elle a réussi à sortir de l'immeuble sans qu'on la remarque. Par quelle astuce ?

C'est la nouvelle mission qui m'attend. Mécontent, mon supérieur décide : « Nous prenons l'affaire en main. Les prochaines vacances scolaires sont à la fin mars. Vous avez plus d'un mois pour monter le prochain dispositif. Vous filez à Lyon faire un examen sérieux des lieux et dresser un nouveau plan d'action que vous me soumettrez. Je préviens de suite le directeur régional de ma décision pour qu'il facilite votre tâche. »

Préparation de la seconde tentative

Trois jours me suffisent pour m'acquitter de ma mission. L'examen des plans des immeubles fournis par les RG locaux et l'inspection des sous-sols me font découvrir la cause de notre échec : l'existence d'un parking souterrain.

Mes collègues de Lyon avaient bien mentionné ces garages uniquement constitués de boxes fermés mais les avaient exclus du périmètre de surveillance du fait qu'Évelyne Olivier n'en disposait d'aucun.

En visitant ce sous-sol, je me rends compte qu'il y a, en plus des dits boxes, une aire d'une cinquantaine de places de stationnement non cloisonnée. L'accès se fait par une rampe unique condamnée par une barrière dont l'ouverture se commande à l'aide d'une carte magnétique. C'est vraisemblablement par cette rampe que la fille d'André Olivier est sortie, à pied ou en voiture.

Il convient de déterminer exactement par quels points de passage on peut sortir de cet ensemble.

Les huit escaliers et les huit ascenseurs communiquent tous avec le sous-sol. On peut s'en aller soit par l'un des escaliers, soit par l'un des ascenseurs, soit par la rampe réservée aux véhicules.

Anne peut donc sortir naturellement par son propre escalier ou descendre au sous-sol et gagner l'extérieur par un autre escalier ou par la sortie des véhicules.

Il suffit donc de cibler particulièrement les deux points de passage obligatoires pour quitter le groupe d'immeubles : la porte extérieure de son escalier et la porte intérieure d'accès au sous-sol du même escalier, avec des relais à l'extérieur sur les sorties des autres escaliers et de la rampe des véhicules.

Ensuite, pour se rendre à Saint-Étienne, Anne peut prendre le train ou un car de transport. Je relève soigneusement les horaires. Avant de rentrer à Paris, je demande aux « locaux » de se procurer un double de la clé de la porte d'accès au parking ainsi que le passe magnétique auprès du gestionnaire immobilier.

De retour au service, je mets au point un dispositif important composé d'une dizaine de véhicules d'observation et de filature, et d'une moto. Connaissant la méfiance d'André Olivier quant aux fourgonnettes classiques du temps où nous l'avions surveillé rue Jonquoy en 1979, j'écarte ce type de véhicules dépassés du « dispo » pour les remplacer par deux Renault 5 commerciales plus facilement camouflables. Elles sont plus discrètes mais ne peuvent accueillir qu'un seul observateur à l'arrière.

Elles couvriront les deux points de passage obligatoires, l'une à l'extérieur dans la rue à proximité immédiate de la sortie de l'escalier desservant l'appartement, l'autre sur le parking intérieur, face à la porte d'accès au sous-sol.

Les voitures suiveuses sont réparties autour des bâtiments avec un équipage mixte ayant à vue une sortie des autres accès, y compris celui de la rampe couvert par deux véhicules et la moto.

Schémas à l'appui, mon plan est agréé par mon sous-directeur. Il a, semble-t-il, d'autres soucis en cette première quinzaine de mars : les élections législatives ne sont pas données gagnantes pour la majorité en place.

Il nous reste à attendre le vendredi 28 mars, veille des vacances scolaires de Pâques.

Passage à l'action

La veille du jour J, le jeudi 27 mars, le dispositif composé d'une douzaine d'hommes gagne Lyon. La perte de la majorité par la gauche aux élections législatives et la mise en place d'un nouveau gouvernement ont entraîné un rapide changement dans la hiérarchie policière qui n'a pas d'incidence immédiate sur notre mission.

Au dernier moment, mon chef de service, toujours en instance de mutation et peu intéressé jusqu'à présent par cette affaire, décide de nous accompagner. Sans doute veut-il finir en beauté ! Il aurait mieux fait de s'abstenir…

Le vendredi 28 mars à 16 heures, chacun est à son poste.

Comme au mois de févier, Anne sort du lycée à la même heure et rentre directement à la maison. Les jours se sont allongés. On discerne mal si la lumière de sa chambre est allumée ou non.

À 19 h 15, l'observateur à la longue-vue nous signale du mouvement dans la chambre. Anne semble préparer des vêtements.

Au même moment, le collègue en planque dans la R5 garée au sous-sol nous murmure à la radio qu'une Renault 9 grise dont il ne peut voir le numéro vient de stationner à quelques mètres de lui et que le conducteur apparemment seul a coupé le moteur et attend, feux éteints. Il est coiffé d'un chapeau genre bob qui lui dissimule le visage.

À 19 h 25, la lumière de la chambre d'Anne s'éteint.

À 19 h 30, le collègue du sous-sol nous signale l'arrivée d'Anne sur le parking. Elle porte un sac de voyage.

Après avoir vu le bref appel de phares du conducteur de la R9, elle monte à l'arrière, se couche sur la banquette et tire sur elle une couverture pour ne pas être vue de l'extérieur.

La Renault démarre et sort du parking.

Les deux voitures prévues et la moto commencent la filature. La circulation dans le secteur est devenue plus dense et la pluie s'est mise à tomber. Les autres véhicules guidés par radio ont beaucoup de difficultés à essayer de les rejoindre. Le motard abandonne le premier en raison du mauvais temps.

Puis c'est au tour de l'un de nos deux véhicules d'être bloqué par une voiture à un feu rouge. Les autres véhicules suiveurs n'arrivent toujours pas à établir le contact car l'allure s'est accélérée. Dans l'unique voiture qui suit la R9, Simone, une inspectrice de Lyon, nous donne régulièrement sa position, afin que ses collègues lyonnais essayent de trouver des raccourcis pour la rejoindre au plus vite.

Je suis avec le chef de groupe de Lyon et c'est un homme de mon groupe, Pierrot, qui nous conduit.

Simone nous informe que le conducteur de la R9 les a repérés. Il vient de griller un feu rouge puis il est entré dans un parking souterrain pour en ressortir aussitôt. Il conduit de plus en plus vite.

Il commet alors l'erreur de revenir d'où il vient, essayant de semer la voiture de Simone, mais ce faisant, il rétablit involontairement le contact avec notre véhicule bientôt rejoint par deux autres voitures suiveuses. Il s'engage dans plusieurs petites rues à contresens. Il n'y a plus de doute, il essaie de nous échapper. La seule solution est de le bloquer à la première occasion. N'ayant plus à nous dissimuler, nous le collons littéralement.

Par correction, je demande à mon chef qui, du bureau du régional suit la filature à la radio, s'il donne son feu vert pour l'interpellation.

Le préposé à la radio du service me transmet la réponse suivante : « Vous n'êtes pas descendus pour cela. »

J'entends sur notre réseau : « Quel con ! », sans reconnaître la voix.

La situation est devenue intenable. On risque l'accident ou on perd les fuyards.

À cet instant, la R9 vient de s'engager sur une avenue à quatre voies séparées, deux par deux, par un petit muret. À une centaine de mètres, deux voitures sont arrêtées côte à côte à un feu rouge, bloquant le passage et obligeant le conducteur de la R9 à stopper derrière celle immobilisée sur la voie de gauche.

Deux de nos véhicules s'arrêtent à leur tour sur la même file derrière la R9.

J'arrive sur la voie de droite. En les dépassant, je vois Patrice qui me regarde, l'air de dire : « Alors on y va ?

Patrice, d'origine terrienne comme moi, m'accompagne depuis 1980. D'un franc-parler parfois agressif, il est pourtant peu expansif, mais on se comprend à demi-mot et vite.

Le moment est en effet propice. Arrivant à hauteur de la R9, je vois le conducteur tendu, fixant la voiture qui le précède, prêt à démarrer sur les chapeaux de roues.

Je dis à Pierrot : « Lorsque le feu passe au vert, il faut que tu te glisses juste devant la R9 pour la coincer contre le muret. Il ne faut pas qu'il passe. Tant pis pour la carrosserie. »

Le conducteur de la R9 doit se douter de notre intention. Au démarrage, il colle la voiture qui le précède en maintenant le moteur à haut régime.

Pierrot connaît son affaire. Il donne un coup de volant au bon moment. Notre aile avant gauche est enfoncée, mais la R9 est immobilisée contre le muret, moteur calé.

Mes collègues jaillissent des voitures, arme au poing. Ils ouvrent les portières arrière de la R9, celles de devant étant bloquées par le muret et par notre véhicule, et extirpent Anne, qui, prise de panique, se met à hurler et, grosse surprise, un homme dissimulé aussi sous la couverture et que j'identifie tout de suite comme étant André Olivier.

Le conducteur, les mains sur sa tête, est sorti à son tour. C'est un homme que je vois pour la première fois. Olivier et l'inconnu sont immédiatement plaqués au sol et fouillés.

Ils ont chacun deux pistolets glissés dans la ceinture et portent sous leur blouson un gilet pare-balles. Sur la banquette arrière, on découvre un pistolet-mitrailleur Uzi avec son chargeur engagé, prêt à servir.

Des automobilistes curieux s'arrêtent et assistent au spectacle. J'ai mis mon brassard de police bien en évidence et nos conducteurs font fonctionner leur gyrophare escamotable pour éviter toute méprise.

Anne, prise en charge par notre collègue Simone, a retrouvé son calme.

André Olivier et son comparse, un certain Bernard Blanc, sont répartis dans deux voitures.

Pour bien faire comprendre à André Olivier à qui il a affaire, je l'appelle « Raymond », pseudo qu'il avait adopté en 1979.

Blême de rage, il me lance : « Vous avez de la chance. Si Anne n'avait pas été là... », et de ses bras menottés, il mime le tir d'une rafale de mitraillette.

Mon collègue lyonnais annonce par radio à la hiérarchie les interpellations sans incident de nos objectifs et leur conduite au service régional de police judiciaire.

En cours de route, le préposé à la radio au service fait savoir que les deux chefs de groupe (mon collègue lyonnais et moi-même) doivent se détacher du convoi et venir immédiatement au service rendre compte.

Nous ne sommes pas accueillis les bras ouverts. Mon chef m'agresse, me reprochant de n'avoir pas suivi ses instructions.

Je suis d'un naturel calme, mais, après l'aventure que nous venons de vivre, ce n'est pas le moment de me chatouiller. Je lui « vide mon sac » et il est gros. Puis je relate les faits, concluant qu'en raison de leur tournure, l'interpellation s'imposait. Le patron de Lyon écoute sans intervenir. Lorsqu'il apprend les détails de l'opération, l'existence d'armes et de gilets pare-balles, il s'exclame : « Bravo à tous ! Allez à la PJ pour les formalités. J'attends tout le monde dans deux heures. Je mets le champagne au frais. »

Je regarde ma montre. Il n'est que 20 h 30. Au service PJ, l'équipe de permanence va prendre l'affaire en main. Elle a été informée du genre de « clients » que nous leur livrons.

La perquisition et l'arrestation de Joëlle Crépet

Anne a donné l'adresse de Saint-Étienne : un grand appartement situé au huitième étage d'une tour construite en périphérie de la ville. Le responsable PJ a déjà envoyé une équipe pour repérer les lieux.

Elle nous précise qu'en sus de son père et de Bernard Blanc, deux autres personnes y habitent, une jeune femme prénommée Joëlle, et Max Frérot, un fou dangereux selon elle, qui fabrique les bombes.

Anne a retrouvé son calme. Je pense qu'elle est libérée d'un grand poids. Je l'amuse un peu en évoquant le souvenir que j'avais gardé d'elle lorsqu'elle habitait avec son père rue Jonquoy et qu'elle jouait dans la rue. Je la rassure en lui disant qu'elle va rester avec nous jusqu'à demain et que sa mère sera prévenue au petit matin.

La PJ programme l'introduction dans l'appartement et la perquisition demain à l'heure légale.

Le rendez-vous est prévu à 4 heures au service. De mon côté, je réduis l'effectif. J'y participerai avec trois collègues, un de Paris et deux de Lyon.

Nous n'avons plus à présent qu'un rôle d'assistance et de conseil, particulièrement pour l'examen de la documentation, des divers écrits, des carnets d'adresses que l'on découvre et que l'on sélectionne pour être saisis. C'est une pratique instaurée d'elle-même dans ce type d'intervention mixte PJ-RG. Nos collègues de la PJ nous font confiance, à condition de leur signaler, dans un premier temps, tout écrit ayant *a priori* de l'importance.

Tout le service RG sable le champagne. On a oublié nos querelles pour savourer notre réussite. Nous continuons la fête dans un « bouchon », dégustant la délicieuse cochonnaille lyonnaise. Nous rentrons vers 2 heures. C'est trop tard, pour ceux qui doivent aller à Saint-Étienne, pour gagner leur hôtel. Nous somnolons au bureau en attendant l'heure du départ.

Nous apprenons en retrouvant nos collègues de la PJ que l'arrestation d'André Olivier a été annoncée sur plusieurs radios vers 23 heures. D'où vient l'indiscrétion ?

Nos plans sont contrariés, car les acolytes d'Olivier, ne le voyant pas revenir, ont dû écouter la radio et sont informés de la situation. Ont-ils quitté leur planque de Saint-Étienne ?

Sur place, l'équipe de surveillance n'a rien remarqué d'anormal. Tout semble calme. Du bas de l'immeuble, il est impossible de voir si les fenêtres de l'appartement sont éclairées. Il pleut toujours et le vent souffle par fortes rafales.

À 6 heures, le chef de groupe PJ tape à la porte. Elle paraît blindée.

Aucun mouvement, aucun bruit. Il cogne plus fort et crie « Police ! Ouvrez ! » Toujours pas de réaction, on sent juste une odeur de fumée semblant provenir de l'appartement.

Le voisin de palier, réveillé par le bruit, ouvre sa porte. C'est un pilote de ligne souvent absent. Il ignore si quelqu'un est présentement dans l'appartement.

L'odeur de fumée est plus forte. Le pilote indique que de son balcon on peut accéder à celui de ses voisins en escaladant la vitre de séparation. C'est possible, mais il ne faut pas avoir le vertige. Les gars de la PJ ne se dégonflent pas. Sportifs, c'est un jeu pour eux de contourner l'obstacle.

Plus tard, j'ai imaginé Frérot retranché dans l'appartement. Quel carton ils lui auraient offert !

L'une des baies vitrées n'est pas fermée. Ils n'ont qu'à la faire glisser pour pénétrer dans la salle de séjour, et neutraliser une jeune femme inconnue, une certaine Joëlle Crépet qui, dans la cuvette des WC, s'active à brûler des papiers. Elle est seule.

À nos questions sur les autres occupants, elle refuse de parler.

Nous investissons un vaste appartement comportant quatre chambres à coucher, où nous découvrons l'attirail complet du parfait terroriste : armes, munitions, explosifs, allumeurs bricolés, scanners d'écoute radio et une importante documentation. Il faudra plusieurs heures pour en prendre vaguement connaissance et faire le tri.

Dans un premier temps, on ne touche à rien, attendant que l'Identité judiciaire arrive et relève les empreintes digitales et autres traces de présence.

En patientant, j'examine la paperasse éparse. D'abord les papiers que Joëlle Crépet se hâtait de faire disparaître. Il s'agit de relevés manuscrits d'écoutes téléphoniques « sauvages »[1] visant des agences bancaires de la région. Leurs écoutes avaient pour but, je présume, de connaître les dates et heures des gros transports de fonds.

Sur une table, une chemise cartonnée porte l'inscription : « objectifs ». Elle contient des feuillets, relevés de plans, d'itinéraires, notes d'observations et de filatures de leurs très probables futures victimes.

Sur le petit bureau d'une autre chambre, sous un revolver posé en presse-papiers, une cinquantaine de feuilles remplies d'une fine écriture attire mon attention. Délicatement, je déplace l'arme et je prends suffisamment connaissance de ce qui est écrit pour évaluer l'importance de la découverte.

Ce sera l'une des plus grosses pièces à conviction saisies dans l'appartement se rapportant aux activités du groupe. C'est un genre de journal tournant parfois à la confession qui sera attribué à Maxime Frérot, révélant l'asservissement qui le liait à son gourou André Olivier.

Je n'en verrai pas plus. Je dois abandonner mes collègues pour regagner Lyon et prendre un train pour Périgueux, où m'attend le lendemain, jour de Pâques, une fête de famille qui me tient à cœur et à laquelle je ne peux me dérober.

Il est entendu que je serai de retour à Paris le mercredi matin pour faire le point et éventuellement revenir à Lyon, prendre connaissance de la documentation saisie.

---

1. Non réglementaires. Olivier avait la technique pour écouter les lignes téléphoniques.

Les indélicatesses de notre chef de section

Une nouvelle déconvenue m'attend. En arrivant plein d'entrain au service après mon escapade périgourdine, je suis étonné de l'accueil de mes collègues. Ils manquent d'enthousiasme et paraissent dégoûtés.

Mon adjoint, Gérard, me dit : « Le patron a encore fait des conneries. Dimanche, dans les locaux de la PJ lyonnaise, en examinant avec nous les documents saisis à Saint-Étienne, il a photocopié en douce des plans de la tour Eiffel, de la tour Montparnasse, de la Maison de la radio, sur lesquels étaient matérialisés des emplacements pour poser des bombes, sans en parler aux collègues de Lyon. Et tout cela pour se faire valoir hier matin devant le ministre et les divers directeurs centraux dont celui de la PJ. Or, celui-ci n'était pas au courant. Il s'est trouvé ridiculisé. Tu imagines la réaction du directeur et les retombées à Lyon ! Dorénavant, nous y sommes interdits de séjour. »

Heureusement pour moi, mon cher patron est parti en congé. Je ne le reverrai que dans deux semaines, la tempête un peu calmée.

Lorsqu'il réapparaît, il est mis sur la touche durant plusieurs mois par la nouvelle direction en attendant son départ définitif à la fin de l'été.

Par cette ultime faute, tant à l'égard de ses subordonnés qu'à celui de ses collègues des autres services, police judiciaire et Renseignements généraux, il vient de briser pour longtemps le consensus que nous avions mis des années à tisser entre la police de renseignement et la police répressive.

J'essaie de réparer les pots cassés avec le service judiciaire de Lyon. Je téléphone à mon collègue de PJ avec lequel j'avais bien sympathisé pour lui exprimer mes excuses et déplorer le comportement de mon chef hiérarchique.

Personnellement, il ne m'en tient pas rigueur. Il sait que nous ne sommes pas responsables. Son directeur régional en revanche ne veut plus entendre parler des RG, qu'ils soient locaux ou parisiens.

J'insiste pour le rencontrer, pour pouvoir m'expliquer.

Mon collègue finit par me dire : « Viens demain en début d'après-midi… d'ici là, j'essaierai de l'amadouer mais je ne te promets rien. »

Lorsque je me présente à 14 heures, mon collègue et son patron sont absents. J'attends jusqu'à 17 heures. Tout le monde m'ignore. Je comprends que ma démarche est vaine et je reprends le TGV pour Paris.

Je suis d'autant plus contrarié qu'une grande partie de la documentation n'a pas été photocopiée et que les originaux sont à Lyon. J'ai peu d'espoir d'en obtenir un double. Nous en serons effectivement privés.

Sans vouloir préjuger d'une hypothétique réussite de notre part dans la localisation et l'arrestation rapides du seul rescapé de la branche lyonnaise d'Action directe, Maxime Frérot, si nous avions eu en communication les renseignements opérationnels provenant de la perquisition de Saint-Étienne, je trouve regrettable et révoltant que, pour des raisons de préséance hiérarchique administrative et des indélicatesses personnelles, on se soit privé du professionnalisme en la matière, des capacités et des moyens d'investigation de notre service.

On ne s'est pas donné toutes les chances pour neutraliser promptement le dangereux Frérot et éviter ainsi qu'il commette des actes irréparables en réaction aux arrestations de ses camarades.

Conséquence que je n'ai toujours pas digérée : le 9 juillet, soit trois mois après l'affaire de Lyon, il dépose une bombe dans les toilettes d'un service de la Brigade de répression du banditisme, quai de Gesvres, qui provoque la mort de mon collègue Marcel Basdevant.

Il m'en reste un ressentiment de devoir inachevé.

XXII

Le changement de gouvernement et de notre hiérarchie

Les dernières élections législatives favorables à la droite provoquent un changement de majorité.

Charles Pasqua devient ministre de l'Intérieur dans le nouveau gouvernement Chirac.

Son chef de cabinet, Philippe Massoni, que j'ai connu jeune commissaire aux RG de la préfecture de police durant les événements de mai et juin 1968, est nommé directeur central des RG. Claude Bardon, chef du SRPJ de Versailles, prend le poste de sous-directeur de la recherche et chapeaute ainsi notre section.

Bardon est un homme d'action avec lequel je me sens à l'aise dès notre première rencontre.

Il est de tradition, dans le corps des commissaires de police, de cultiver un hobby, de collectionner des objets aussi divers qu'hétéroclites que l'on expose dans son bureau.

Chez notre nouveau sous-directeur, rien de tel. La pièce est neutre. Les murs sont nus ainsi que son bureau, libre de tout bibelot personnel et familier. On se croirait dans un local réservé aux auditions et interrogatoires.

Mon ancien chef de service a des difficultés à trouver un nouveau poste. Il ne sera remplacé qu'à la fin de l'été par un jeune commissaire, directeur départemental des RG du Puy-de-Dôme, Philippe Swiners-Gibaud, que l'on surnomme rapidement de ses initiales PSG. Après JPP, voilà PSG, nous restons dans le football.

Une rencontre inattendue qui me console

Au printemps 1986, regagnant mon véhicule après une vérification dans le quartier Montparnasse, je suis interpellé : « Alors toujours en chasse après Rouillan ! »

Je me retourne et vois Pascal Trillat, costumé, cravaté, portant une serviette en cuir, le sourire aux lèvres.

On se serre la main. Sur le même ton badin, je lui rétorque :

« Tu peux me le faire rencontrer ? Je suis preneur. Que deviens-tu depuis tout ce temps ? Cinq ans au moins que nous nous sommes vus… Je t'offre un café ?

– Désolé, je suis pressé. Je dois prendre le métro pour me rendre au TGI[1] de Nanterre. »

Il lit mon étonnement à mon regard et ajoute : « Je suis avocat stagiaire et j'ai un rendez-vous urgent au tribunal de Nanterre. »

Il accepte ma proposition de l'accompagner en voiture pour que nous puissions bavarder.

Se remémorant les circonstances qui nous ont rapprochés, il m'avoue : « Heureusement que vous êtes arrivés à temps pour faire cesser mes conneries. J'étais sur le point de basculer définitivement dans le banditisme avec Fassi lorsque vous nous avez arrêtés. »

Il me raconte que c'est Christian (Harbulot) qui l'a aidé grâce à ses relations : « J'ai été blanchi par l'Élysée – une

1. Tribunal de grande instance.

mesure d'amnistie individuelle – et j'ai pu reprendre mes études de droit. Maintenant je suis stagiaire dans un grand cabinet juridique et je travaille, c'est rigolo, pour ta maison, le ministère de l'Intérieur, dans une affaire de contentieux immobilier. »

Il ajoute : « À part Christian qui est prof à l'École alsacienne, j'ai coupé toute relation avec mes anciens camarades. C'est une histoire que je tente d'effacer de ma mémoire. »

Lorsque je reviens au bureau après l'avoir déposé, je me sens léger, joyeux et stimulé, comme si j'avais fait une bonne action.

XXIII

Le retour et la fin d'Action directe

L'équipe Rouillan, toujours non localisée, se manifeste le 15 avril et nous rappelle à l'ordre par une tentative d'assassinat sur le vice-président du CNPF Guy Brana, à proximité de son domicile au Vésinet, puis en mai par une attaque à la mitraillette contre le siège de l'Organisation internationale de police criminelle (Interpol) à Saint-Cloud.

Les attentats commis par le Comité de solidarité avec les prisonniers politiques arabes (CSPPA) durant le mois de septembre font de nombreuses victimes, en particulier celui perpétré devant la FNAC rue de Rennes. Ces attentats massacres vont sensibiliser l'opinion et en même temps détourner temporairement les phares des médias sur Action directe.

La forte campagne de sensibilisation engagée par les pouvoirs publics pour faire face à ce type de terrorisme aveugle, en appelant la population à être vigilante et à signaler toute personne paraissant suspecte, va porter ses fruits, notamment dans la recherche des derniers membres de l'équipe Rouillan.

Action directe revient au premier plan de l'actualité après l'assassinat de Georges Besse, le nouveau P-DG de Renault, dans la soirée du 17 novembre 1986, abattu devant son domicile, boulevard Edgar Quinet, par deux jeunes femmes formellement identifiées comme étant Nathalie Ménigon et

Joëlle Aubron. L'acte est revendiqué peu après par un tract déposé à la station de métro toute proche par un commando Pierre Overney d'Action directe.

Le couple belge de Vitry-aux-Loges

Fin janvier 1987, une inspectrice affectée à la DST et qui a exercé au sein de notre section en 1981-1982, du temps de Jean-Pierre Pochon, me téléphone. Elle m'apprend que l'un de ses collègues de service va prochainement prendre contact avec moi. Il veut me faire part d'une information qu'il a recueillie. Cette information lui paraît davantage de mon ressort que du sien. Il « travaille » sur les pays d'Europe de l'Est.

Sur le coup je n'y attache pas grand intérêt. Depuis septembre dernier, nous avons reçu de nombreux renseignements concernant des personnes suspectes. Ils se sont tous révélés fantaisistes ou infondés.

Quelques jours plus tard, je reçois un appel téléphonique de ce jeune collègue. Il m'est totalement inconnu. Je le retrouve le lendemain dans un café de la rue des Saussaies.

Il veut m'entretenir d'une information qui lui a été rapportée par un ami à lui, ancien commissaire de la préfecture de police à la retraite, résidant pendant la belle saison à Vitry-aux-loges, petit bourg du Loiret.

Des voisins, sensibilisés par la campagne médiatique déclenchée à la suite des attentats du mois de septembre de l'année dernière, lui ont signalé quelques semaines après, l'existence d'un couple belge un peu bizarre habitant depuis deux ans environ une ancienne ferme restaurée située au lieu-dit le Gué Girault.

L'homme, un certain Robert, âgé de 35 ans environ, serait chercheur dans un organisme belge de type CNRS. Sa femme, Nadine, serait documentaliste.

Autant l'homme est sauvage, renfermé, et communique peu avec le voisinage, autant sa femme est avenante, sympathique et serviable. De style écolo, elle s'approvisionne dans les fermes voisines où elle rend de menus services avec toujours un mot aimable. Elle adore les animaux et élève deux chèvres, des poules, des canards, des lapins, des chats et des hamsters.

Elle se déplace souvent à bicyclette et utilise aussi une 205 rouge immatriculée en Belgique.

Le couple s'absente de temps en temps et reçoit parfois des amis pour faire la fête toute la nuit. D'ailleurs, ce sont des noctambules, car les fenêtres de la ferme sont souvent éclairées jusqu'à l'aube.

Dans un premier temps, mon jeune collègue de la DST, qui n'accorde guère d'importance à ce couple, en a toutefois parlé, par conscience professionnelle et pour rassurer son correspondant, à l'antenne DST de Tours compétente sur le Loiret.

Les vérifications rapides effectuées par ce service n'apportent pas de renseignements défavorables sur Robert de Greef et Nadine Paquet, tant auprès des services locaux, gendarmerie, RG et mairie, qu'au plan national. Leurs noms, ainsi que celui du titulaire de la ligne téléphonique en liste rouge, Éric Deroiel, sont inconnus des divers fichiers.

Le commissaire à la retraite n'en est pas pour autant tranquillisé. Est-ce son flair policier qui agit ? Il trouve le comportement de ces résidents anormalement méfiant. L'homme a toujours une paire de jumelles pendue au cou, soi-disant pour observer les oiseaux. Les deux montrent des signes d'inquiétude lorsqu'ils voient des véhicules inconnus dans leur voisinage, comme s'ils redoutaient une visite inopinée.

Il pense qu'il pourrait s'agir de membres de formations terroristes qui se sont mis au vert. Mon collègue de la DST ne connaît guère ce milieu. Il s'est vaguement renseigné et évoque les organisations belges telles que les CCC et le FRAP.

On parle aussi des membres recherchés d'Action directe. Je lui apprends qu'en 1980, Serge Fassi, emprisonné depuis, avait été interpellé dans une planque qu'il avait aménagée non loin de là, à Fay-aux-Loges.

Le commissaire a vu les portraits des principaux militants d'Action directe rendus publics après l'assassinat de Georges Besse. Il n'a pas fait de rapprochement avec le couple de Vitry-aux-Loges.

Moi-même, je suis loin d'envisager cette éventualité. Je les vois plutôt réfugiés depuis leur fuite de Belgique dans un groupe d'immeubles, une cité de Paris ou de banlieue où l'anonymat est assuré. Et j'ai du mal à imaginer Rouillan en citoyen belge avec son fort accent du Sud-Ouest.

En fin d'entretien avec mon jeune collègue, j'évoque mon ancien patron, à présent le sien, Jean-Pierre Pochon. Je ne l'ai pas revu depuis son départ aux Antilles en 1982. Entretemps, il a quitté les RG pour la DST. Je lui demande s'il a parlé à Pochon de ce couple suspect. Il me répond qu'à son niveau hiérarchique il n'a pas de relations directes avec son chef de division, et les intermédiaires jugent cette information en dehors de leur compétence. C'est bien pourquoi il m'en parle, sur les conseils d'ailleurs de son ami, le commissaire à la retraite, un ancien des RG-PP qui a très bien connu mon directeur central, Philippe Massoni.

Je devine que dans son service, l'ambiance n'est pas des meilleures, et qu'on y rencontre des problèmes hiérarchiques et de management.

Pour conclure, je lui dis que je vais voir cette affaire de plus près, qu'il ne faut jamais négliger un renseignement sans le vérifier, même si parfois il semble non fondé.

Le repérage des lieux

Le vendredi 13 février, parlant du sujet avec mon adjoint, Gérard, je lui propose de m'accompagner le lendemain dans le Loiret pour essayer de voir discrètement ce couple et nous faire une idée plus précise des suspects.

Équipés du plus puissant téléobjectif photo que nous possédons et du plan sommaire des lieux dressé par l'inspecteur de la DST, nous gagnons la région orléanaise en ce samedi pluvieux d'hiver où la campagne est désertée, espérant avoir la chance d'approcher ces « Belges » d'assez près pour pouvoir les photographier. Le temps est peu propice aux sorties, mais je pense que, comme la majorité des gens en fin de semaine, ils iront faire quelques courses.

Nous localisons difficilement la résidence du couple dans cette campagne brumeuse malgré le plan remis, pas très explicite.

Il s'agit d'une ancienne ferme classique de la région, toute en longueur, de plain-pied, surmontée d'un vaste grenier. Elle a été aménagée en deux appartements indépendants. Celui de droite en arrivant est occupé par nos clients. Celui de gauche, dont les volets sont clos, sert de résidence secondaire durant la belle saison au propriétaire des lieux domicilié en région parisienne.

Le bâtiment est isolé, à deux cents mètres environ de la route reliant Fay-aux-Loges à Vitry-aux-Loges. On y accède par un chemin de campagne.

À l'arrière, à une centaine de mètres, on devine le talus du canal d'Orléans, bordé d'arbres et de buissons dont certains ont conservé leurs feuilles.

Je réalise qu'une surveillance directe à partir d'un véhicule est impossible. Le canal offre le seul point d'observation naturel et discret. Il suffit de faire plusieurs passages espacés, à pied, comme des randonneurs, et attendre de loin une sortie éventuelle.

Vêtus à la campagnarde, chaussés de bottes, nous effectuons un premier passage. La maison est bien occupée. Les volets sont ouverts et la cheminée fume. À proximité du bâtiment principal est garée la 205 rouge signalée. On ne l'aperçoit pas de la route car elle est cachée par un petit garage. À cette distance, il est impossible de lire les numéros de la plaque minéralogique.

Nous nous éloignons suffisamment pour ne pas être vus de la ferme et nous attendons un bon quart d'heure avant de revenir sur nos pas. Nous voyons de loin une Renault 4L jaune s'engager sur le chemin d'accès à la ferme. Certainement une visite. Il est 11 h 30.

Nous pressons le pas pour être à bonne distance lorsque la vieille 4L s'arrête près de la maison. Deux hommes d'une soixantaine d'années en descendent, vraisemblablement des paysans à en juger par leurs vêtements et leur allure.

Ils sont rejoints par le couple, sorti à leur arrivée. J'ai juste le temps de m'accroupir derrière le tronc d'un gros arbre qui me dissimule et qui me sert de support et d'appui pour l'appareil photo.

Très absorbé par le réglage de la mise au point, je n'ai guère le temps sur le coup d'étudier la physionomie des personnages. Je ne reconnais pas en tout cas le couple Rouillan-Ménigon.

J'enregistre pourtant que l'homme au front très dégarni porte de grosses lunettes à monture d'écaille et qu'il est chaussé de bottes. La femme porte aussi des lunettes plus discrètes et ses cheveux longs sont noués à l'arrière de la tête.

Je tire une première série de clichés pendant que l'un des visiteurs sort une cage du coffre de la 4L et se dirige vers un petit abri, en fait une lapinière. Je ne vois pas exactement ce qu'il fait, mais il me semble qu'il dépose un lapin, un mâle, peut-être pour féconder une lapine.

« Drôles de terroristes préoccupés par l'accroissement de leur cheptel », dis-je à voix basse à Gérard caché derrière un buisson à quelques mètres de moi.

Le petit groupe discute tranquillement, attendant, je présume, la fin de l'accouplement.

Je prends encore quelques photos sans oublier de faire un gros plan sur la plaque minéralogique belge de la 205. J'énonce à l'attention de Gérard le numéro pour qu'il le note.

Inutile de rester plus longtemps dans le secteur. On risque de se faire repérer. Je suis sûr d'avoir de bons portraits sur la pellicule. Nous regagnons notre véhicule garé au loin et partons à la recherche d'un petit restaurant avant de rentrer sur Paris.

Le lundi matin, je vais directement à notre laboratoire photographique pour bien préciser les conditions dans lesquelles ont été prises les photos et pour demander que l'on travaille au maximum les tirages de façon à faire ressortir les traits des visages du couple.

Je demande ensuite, par l'intermédiaire de notre section liaisons extérieures[1], l'identification du numéro minéralogique de la 205 ainsi qu'un passage fichier des trois identités belges.

À notre réunion de travail hebdomadaire du lundi matin, mon nouveau chef de service, Swiners-Gibaud, me demande évidemment la finalité de mon déplacement dans le Loiret. Je l'informe des démarches entreprises et que j'attends les premiers résultats pour avancer une opinion.

Ils ne tardent pas à me parvenir. Pour une fois, les services belges sont diligents et demandent dans un premier temps de bien vouloir confirmer les renseignements fournis car, pour ce qui concerne le véhicule, la marque et le type ne correspondent pas au numéro donné. Avant de leur répondre, je préfère attendre d'avoir en main les photos de la 205, sur lesquelles le numéro doit apparaître lisiblement. Il arrive souvent que des erreurs soient commises lors des relevés de plaques minéralogiques. Je préfère être certain du numéro pour confirmer.

Les photographies de Nadine et Robert

En début d'après-midi, je récupère mon lot de photographies heureusement assez bien réussies. Le numéro est bien celui donné aux Belges. Aucun doute possible, il apparaît distinctement sur plusieurs clichés.

Notre correspondant belge précise que le numéro transmis est celui d'une camionnette Toyota. Nous sommes cer-

1. Section chargée des relations entre notre direction et les services de renseignement étrangers.

tainement en présence d'une voiture faussement immatriculée. Quant aux identités, aucune ne correspond à des personnes recherchées.

Ça devient intéressant, le déplacement n'a pas été vain.

J'étale les photographies sur mon bureau, une à une, les regardant de loin sans insister sur les détails pour me faire une première idée.

Immédiatement, je suis frappé de la ressemblance, silhouette et physionomie, qui existe entre « Robert » et Rouillan.

Je n'éprouve pas ce déclic en ce qui concerne « Nadine ». Il est vrai que Nathalie Ménigon m'est moins familière que son compagnon.

Mais pour ce dernier, la ressemblance est frappante malgré la barbichette, les moustaches et les lunettes. Évidemment, il paraît plus vieux, son front s'est dégarni, ses traits sont plus tirés, mais cinq ans se sont écoulés depuis notre dernière rencontre.

Gérard, mon collègue, est moins affirmatif. N'ayant jamais vu le couple en chair et en os, il compare les clichés avec des photos anthropométriques datant de plusieurs années, sans vouloir s'engager.

Je reprends les photos, les examinant longuement à la loupe.

Je crains d'être victime d'un fantasme, de m'abuser, à vouloir reconnaître un homme que je poursuis sans relâche depuis cinq ans.

Le soir, j'ai du mal à trouver le sommeil. Je ne cesse de me demander comment ce ménage qui réside depuis au moins deux ans dans ce village, menant une vie ouverte, même si elle peut paraître originale, élevant des animaux, bien accepté et apprécié des voisins, pourrait être le couple le plus recherché de France.

J'ai peur de me tromper et d'être ridicule en avançant une telle hypothèse. Et pourtant, la fausse plaque est bien réelle, même si une erreur est possible. Et cette troublante ressemblance entre « Robert » et Rouillan.

Je m'accorde deux jours avant de prendre une décision. J'étudie à nouveau les photographies, allant jusqu'à faire retirer en gros plan les visages de Robert et de Nadine, les comparant aux photographies les plus récentes que nous possédons sur le couple terroriste. Elles remontent à 1984 et proviennent des dernières perquisitions en Belgique.

J'ajoute à l'une d'elles une paire de moustaches, les lunettes et la barbichette. Je retrouve toujours la même tête caractéristique, ronde au front très dégarni avec la même implantation des oreilles.

Gérard propose que nous prenions contact avec le propriétaire de la ferme. Évidemment il pourrait nous donner rapidement des renseignements, mais je trouve cette démarche prématurée, voire dangereuse dans un premier temps. J'ai en tête le souvenir d'un propriétaire que nous avions rencontré pour prendre des renseignements sur l'un de ses locataires. Inquiet pour son bien et son loyer, il l'avait prévenu de notre démarche pour se débarrasser de lui au plus vite. Nous envisagerons cette possibilité plus tard.

Le jeudi après-midi, ma décision est prise. Je vais voir Swiners-Gibaud et lui dis : « Je ne me pardonnerai jamais de laisser s'échapper Rouillan et Ménigon si réellement il s'agit d'eux. Tant pis si je me plante. Il faut que je voie de près ce couple de Vitry-aux-Loges. Je suis certain de pouvoir alors les reconnaître. Je suggère de monter une surveillance ce week-end à partir de demain après-midi. Ils vont sûrement sortir pour faire des achats. Il faut que je les voie de près. »

PSG prend son téléphone, appelle le sous-directeur Claude Bardon qui nous attend dans son bureau, sa « cellule monacale », devrais-je dire.

PSG lui expose mon affaire, l'origine de l'information, mon déplacement dans le Loiret et mes conclusions. Bardon regarde rapidement les photographies puis appelle sa secrétaire. Prenant un billet d'avion dans le tiroir de son bureau, il lui dit : « Faites annuler mon départ demain, je le reporte à vendredi prochain. »

J'éprouve un grand soulagement d'avoir sa confiance. En même temps, j'ai peur de faire fausse route.

Il poursuit : « D'accord, je reste au bureau demain et tout le week-end s'il le faut. Pour l'instant, silence absolu, on n'en parle à personne. »

Entre alors le directeur central, Philippe Massoni, qui, voyant les photographies éparpillées sur le bureau, demande : « Eh bien messieurs, de quoi s'agit-il ? »

Claude Bardon lui répond ainsi : « Savoie vient de localiser un couple de Belges dont voici les photos, près d'Orléans. Il pense qu'il pourrait correspondre au couple Rouillan-Ménigon. Il espère pouvoir les approcher au plus près afin de les identifier avec certitude. Nous prévoyons donc une surveillance de leur domicile à partir de demain et pendant tout le week-end. »

Philippe Massoni saisit quelques clichés, les regarde et dit : « Ce sont des Italiens… Bon, messieurs, je vous laisse travailler. Bardon, tenez-moi au courant. »

Nous nous regardons sans faire de commentaires. Je me demande ce qui a pu motiver cette remarque. Je n'ai jamais trouvé de réponse.

Nadine et Robert, le couple belge au moment où il n'est pas encore identifié comme s'agissant de Jean-Marc Rouillan et de Nathalie Ménigon.

Le second déplacement dans le Loiret

De retour à mon bureau, la carte du secteur sous les yeux, je prépare un plan de surveillance pour le lendemain. Une observation directe de la ferme est exclue. Des véhicules stationnés ici et là avec des personnes à l'intérieur seraient trop rapidement repérables.

Je retiens deux points de vigilance situés de part et d'autre de la ferme, à quelques kilomètres, dans les deux agglomérations les plus proches, c'est-à-dire Vitry-aux-Loges et Fay-aux-Loges. Ce sont des localités que le couple ne peut éviter s'il se déplace en voiture, soit pour aller faire des courses, soit pour se diriger vers Orléans ou Paris.

Deux équipes de six fonctionnaires à bord de trois véhicules sont constituées. Elles devront attendre et se fondre le plus possible sur les passages obligés, dans le quartier le plus vivant de ces gros villages.

PSG, Patrice, le seul à travailler encore avec moi depuis 1979, une autre Catherine, dernière recrue du service dont c'est la première mission importante, et moi-même formons le seul groupe mobile. Nous ferons des allers et retours sur la route entre les deux agglomérations pour observer de loin à chaque passage les alentours de la ferme.

Nous disposons maintenant de moyens radio en crypto mais nous ne les utiliserons qu'en cas d'urgence, car les scanners peuvent capter les messages. Tout aussi incompréhensibles qu'ils soient, puisque cryptés, ces messages signalent cependant une présence suspecte dans les parages.

Le lendemain, vendredi 20 février, en début de matinée, nous roulons vers Orléans sous un ciel d'hiver, couvert et froid. Lorsque nous quittons l'autoroute à Artenay, les premiers flocons de neige commencent à tomber.

Vers 13 h 30, quand tout le dispositif est en place, un léger manteau de neige couvre déjà le sol. D'un côté, c'est gênant car cela peut dissuader Robert et Nadine de sortir de la maison. D'un autre côté, cela nous donne l'avantage de repérer toutes traces de pas ou de roues sur le chemin d'accès à la ferme.

L'après-midi se passe tranquillement. La cheminée fume. Il y a quelqu'un dans la maison.

Les déplacements sont peu nombreux par ce temps. Nous croisons néanmoins quelques intrépides, roulant à faible allure.

Vers 18 heures, quand la nuit s'installe, il devient inutile de poursuivre la surveillance. Nous gagnons la zone commerciale nord d'Orléans à la recherche de chambres d'hôtel.

À 21 heures, après le repas, nous effectuons un dernier passage devant le chemin. La neige est immaculée. De loin nous voyons qu'il y a de la lumière dans la ferme.

Samedi 21 février, au petit matin, alors qu'il fait encore nuit, nous partons, PSG, Patrice et moi, pour observer les lieux, du canal d'Orléans, au lever du jour. Nous sommes chaudement vêtus. Le temps est froid. La neige a cessé de tomber et recouvre la campagne d'une bonne dizaine de centimètres d'épaisseur.

Patrice conduit lentement et prudemment et nous dépose à hauteur d'un pont qui enjambe le canal à trois cents mètres environ de la ferme.

En trottinant sur la berge pour nous réchauffer, la neige crissant sous nos pas, nous nous dirigeons vers le bâtiment.

Les volets sont fermés. De la cheminée s'échappe toujours un filet de fumée.

Le jour commence à poindre. Nous réveillons un couple de canards sauvages qui s'envolent.

Il est imprudent de s'aventurer hors du chemin de halage et de tenter de s'approcher de la ferme comme nous l'avions projeté. La neige dissimule les reliefs du sol et nous laisserions des traces qui pourraient les alerter s'ils venaient à s'aventurer de ce côté.

Nous retournons à l'hôtel après nous être assurés que la neige qui nappe le chemin ne révèle pas de traces de pas ou de roues de voiture.

Vers 9 h 30, nous nous mettons en place. Malgré la neige, la vie reprend en ce samedi de marché aussi bien à Vitry qu'à Fay.

Rien n'a changé depuis notre visite matinale.

L'identification de Nathalie Ménigon

Vers 16 heures, nous venons juste de quitter Fay-aux-Loges pour un énième passage, quand nous sommes doublés par un fourgon de la gendarmerie, gyrophares et deux tons en action. À hauteur du chemin d'accès, nous voyons nettement les traces d'une voiture sortie en direction de Vitry.

Moment d'inquiétude. Les deux faits sont-ils liés ?

Nous avertissons brièvement l'équipe de Vitry d'être sur ses gardes, qu'il y a du mouvement dans sa direction.

À l'entrée de la localité, nous sommes bloqués par un barrage de la gendarmerie, le temps pour les pompiers de dégager la route d'une grosse branche d'arbre cassée sous le poids de la neige, qui interdit le passage.

Cinq à six voitures sont déjà arrêtées, en attente. En deuxième position, nous remarquons la 205 rouge.

En curieux comme les autres passagers et conducteurs, je sors de l'auto avec Catherine pour me rapprocher de la 205 et voir ses occupants. Mais le temps nous manque. Les gendarmes font signe d'avancer et j'ai juste remarqué que Nadine est seule dans l'auto.

Nadine démarre et se gare sur le parking d'une supérette.

Catherine a récupéré un caddie. Nous pénétrons à notre tour dans le magasin. Dans les rayons, nous suivons Nadine à distance. Il faut s'arranger pour que nous la croisions tout naturellement. Je suis habillé en campagnard, canadienne et bottes en caoutchouc, et je porte une casquette. Si c'est Nathalie, je doute qu'elle me reconnaisse.

Catherine dépose quelques articles dans son chariot pour la forme.

Nous voilà face à Nadine qui devient Nathalie lorsque nous la croisons en la frôlant. Ses traits se sont épaissis. Elle a légèrement grossi, mais il s'agit bien de Ménigon que je n'ai pas revue de près depuis septembre 1980, date de son interpellation rue Pergolèse. Je l'identifie immédiatement et sans hésitation. Elle n'a rien remarqué et elle continue ses achats.

Je laisse ma collègue dans le magasin pour qu'elle poursuive la surveillance de Ménigon, tandis que je m'éclipse et que je rejoins PSG et Patrice stationnés à un angle de rue juste à côté d'une cabine téléphonique.

À ma démarche rapide, ils se doutent que c'est bon. Arrivé à dix mètres d'eux, je lève le pouce pour confirmer.

PSG, tendu, me questionne :

« Vous êtes sûr que c'est bien elle ?

– À cent pour cent, vous pouvez avertir Bardon. Auparavant, je vous suggère de lever le dispositif. Il est inutile de continuer la surveillance. Le risque de se faire repérer est trop grand et l'enjeu trop important. »

Il lance alors un bref message de repli sur l'hôtel sans donner d'explication, puis il pénètre dans la cabine pour appeler Paris.

Catherine nous retrouve. Ménigon a fait beaucoup d'achats, à croire qu'elle prépare un repas pour plusieurs personnes. Elle vient de repartir en direction de la ferme sans avoir manifesté de signe de méfiance.

Le RAID intervient

Swiners-Gibaud sort de la cabine tout frétillant :

« C'est parti, nous dit-il, Bardon prévient les autorités. Je le rappelle dans dix minutes pour connaître les instructions. Il pense que le RAID peut intervenir dès ce soir et il me demande de fixer un point de rendez-vous.

– Surtout pas à la PJ ou au commissariat central d'Orléans ! Je garde le souvenir désastreux de l'arrestation d'André Olivier et des fuites dans les médias. Je propose le service départemental des RG situé dans un petit immeuble d'un quartier pavillonnaire calme à la périphérie nord de la ville. »

PSG acquiesce et rappelle le sous-directeur. Il nous confirme que « le RAID est saisi pour une intervention avant 21 heures. Nous les retrouverons au siège des RG à 19 h 30. Bardon nous y rejoindra aussi. Il vient d'avertir le chef de service des RG qu'il se rende immédiatement à son bureau pour nous accueillir. Sans lui donner d'explication. L'opération est pour l'instant confidentielle. Seul le préfet du Loiret sera prévenu par Robert Pandraud, secrétaire d'État à la Sécurité, qu'une action policière se déroulera dans son département dans la soirée. »

Notre patron ajoute que Philippe Massoni sera avec Robert Pandraud dans le bureau de Charles Pasqua à partir de 20 h 45.

Un peu surexcités, nous mettons le cap sur le siège des RG où nous attend le chef de service, étonné de tout ce branle-bas un samedi soir, et curieux d'en connaître la raison.

J'appelle Gérard en attente à l'hôtel avec les autres collègues, impatients de savoir ce qui se passe. Je lui résume grosso modo la situation et lui dis de venir nous rejoindre aux RG, le reste de l'équipe devant se tenir prêt pour 19 h 30.

Il est déjà 18 heures. Patrice a la bonne idée d'aller acheter quelques victuailles. Le sandwich de midi est déjà loin et la soirée s'annonce longue et agitée.

Tout en cassant la croûte, je dresse à l'attention des hommes du RAID un plan de la ferme et des environs aussi détaillé que possible, sur une grande feuille de papier kraft que j'ai étalée sur le bureau.

À 19 heures, Claude Bardon arrive accompagné de son chauffeur et d'un collègue de la direction centrale de la PJ, envoyé en observateur. Ils sont suivis par notre équipe, puis par une dizaine de fonctionnaires du RAID conduits par leur chef, Ange Mancini, une épaule plâtrée à la suite d'un récent accident de ski. Il ne peut participer physiquement aux opérations, mais tient à les diriger.

Plan à l'appui, je fais un exposé succinct de la situation et de la topographie des lieux : deux accès à l'intérieur de la ferme, l'un par une porte-fenêtre devant le bâtiment, un autre par-derrière. Une barrière en grillage sépare les deux parties de la ferme. Je signale une mare et un ruisseau, gelés et cachés par la neige.

Quant au nombre d'occupants, c'est l'inconnu. Au minimum deux, Rouillan et Ménigon.

Ange Mancini répartit ses hommes en deux équipes, l'une chargée de l'entrée principale, l'autre de l'accès secondaire. L'équipe RG bloquera l'entrée du chemin au moment de l'intervention. Puis il me dit qu'une fois sur place, je ferai avec les deux chefs de groupe une approche de la ferme pour qu'ils intègrent bien la disposition des lieux.

Il est temps de partir. Nous gagnons tous nos véhicules. Si des rares passants nous ont entrevus ce soir-là, ils ont dû se demander si la guerre était déclarée en voyant ce déploiement d'hommes armés et cagoulés.

Le convoi d'une quinzaine de voitures s'ébranle et prend la direction de Vitry-aux-Loges. À l'occasion de nos nombreux passages, nous avons remarqué une aire de travaux publics, à environ deux cents mètres du chemin, où nous pourrons laisser nos véhicules.

Mancini donne ses instructions : « Les deux chefs de groupe, vous allez faire un repérage des lieux avec Savoie. Nous vous attendons à l'entrée du chemin. »

En nous dirigeant vers la ferme, à la lumière d'une lampe de poche, je remarque que les traces de roues de voiture sont plus nombreuses. Comme si la 205 était ressortie après son retour de Vitry. À moins que d'autres véhicules soient arrivés entretemps.

À hauteur du petit garage, à environ quinze mètres de la porte d'entrée principale qui laisse filtrer la lumière à travers les rideaux tirés, nous nous allongeons dans la neige. La 205 est garée à son endroit habituel. Pendant que je réitère mon exposé de la situation en chuchotant, la porte s'ouvre, éclairant avec la réverbération de la neige le devant de la maison comme en plein jour. Nous nous plaquons dans la neige de crainte d'être remarqués.

C'est Nathalie, qui en longeant le mur, ouvre une petite porte pleine donnant sur un genre de cellier ou de resserre. On entend le bêlement d'une chèvre. Nathalie y entre quelques secondes, puis en ressort, portant un paquet dans la main. Elle rejoint les autres. Je dis bien les autres, car lorsqu'elle a ouvert, nous avons perçu des bruits de voix. On entend distinctement le bruit de la clé qu'elle tourne pour fermer la porte.

L'un des chefs de groupe murmure : « Primo, faire sauter la serrure avec la masse. »

Nous nous replions rapidement, car il est bientôt 20 h 50.

Mancini donne ses dernières instructions : « Sitôt en place, vous m'avertissez. Je donnerai le signal d'assaut. »

Immédiatement les deux équipes gagnent leur point d'intervention.

Le chef du RAID, Claude Bardon, PSG et moi, les accompagnons sur une cinquantaine de mètres, puis nous nous arrêtons pendant qu'ils disparaissent dans le clair-obscur de la nuit.

Tout est calme et silencieux.

Deux minutes se sont à peine écoulées que les chefs de groupe signalent par radio qu'ils sont en place, prêts à intervenir.

Mancini lance le « GO ».

On entend le bruit des vitres de la porte d'entrée qui volent en éclats sous le coup de masse, suivi de cris incompréhensibles puis d'une rafale d'arme automatique. Ensuite, le silence, qui dure bien une bonne minute.

Enfin, une voix à la radio qui signale :

« Quatre personnes neutralisées sans incident.

– Parfait, nous arrivons, clame Mancini.

– Un instant, patron, le temps de faire sauter une grenade offensive dégoupillée que nous n'avons pas utilisée. »

Un éclair de lumière et une forte déflagration déchirent la campagne paisible.

À grandes enjambées, nous nous dirigeons vers la ferme, brûlant de découvrir les personnes interpellées.

Pour répondre au regard interrogatif de mon sous-directeur, j'énonce : Rouillan, Ménigon, Aubron et Cipriani, le dernier carré.

Ils sont rassemblés, assis et entravés de menottes dans la salle de séjour.

Claude Bardon appelle sans tarder Massoni, notre directeur central. Je l'entends encore lui dire : « Carré d'as. La bande des quatre est là devant moi, neutralisée sans incident. »

Je n'écoute pas la suite, car j'examine l'intérieur de la maison.

À gauche, une petite pièce bureau et la salle de bain. Au fond à droite, l'escalier qui conduit à une mezzanine donnant accès à deux chambres. Je remarque contre le mur de l'escalier, à hauteur d'homme, les impacts des balles du tir de dissuasion opéré par le chef de groupe quand les terroristes s'y sont précipités pour se réfugier au premier étage, abandonnant sur la table deux colts 45. Il les a contraints ainsi à se coucher sur le sol.

Joëlle Aubron conserve les traces d'un heurt contre le plancher. Une ecchymose s'élargit sur sa pommette gauche.

Rouillan se tortille depuis un moment sur sa chaise comme s'il était gêné. Il finit par nous dire : « Je crois que je suis blessé à la fesse. »

Il se lève. Son pantalon est en effet troué et tâché de sang. Conduit dans la salle de bain, on lui baisse son pantalon et son slip pour constater que sa fesse droite a été touchée par un éclat de béton projeté par l'impact d'une balle. C'est sans gravité. On le badigeonne d'un antiseptique et on lui pose un pansement.

Il m'a bien reconnu et je ne peux m'empêcher de lui faire remarquer que ça aurait pu se terminer beaucoup plus mal pour lui.

Le comportement de Nathalie Ménigon me surprend. Personnalité à deux faces : l'une, Nadine, jeune femme agréable, aimable, conviviale et serviable, aimant les animaux ; l'autre, Nathalie, obnubilée par son idéologie, prisonnière de son système, prête à tuer des inconnus pour affirmer ses convictions.

Ce soir-là, Nadine a évincé Nathalie.

À l'inverse de ses compagnons qui paraissent brisés et accablés, elle offre un visage détendu, apaisé, comme si elle était libérée, comme si elle savourait cette issue qu'elle devait redouter et qui se terminait si bien pour eux.

En attendant l'arrivée des policiers du SRPJ de Versailles localement compétents, et ceux du service de l'Identité judiciaire, nous ne touchons à rien, nous contentant de visiter l'appartement.

Nous sommes étonnés de découvrir dans l'angle de l'une des chambres du premier, une cavité construite récemment à l'aide de moellons de plâtre délimitant un espace d'un mètre sur deux environ et d'une hauteur d'un mètre cinquante, avec un sas. Rouillan devance notre question : « C'est la prison du peuple destinée à accueillir l'otage que nous avions l'intention de capturer et d'échanger avec notre camarade de combat emprisonné, Régis Schleicher. Vous arrivez quinze jours trop tôt… »

Son abattement a disparu, ses yeux s'enflamment. Le voilà à nouveau dans son délire. Je reste muet, déconcerté par ses propos aberrants et pathétiques.

À ce moment-là, au bonheur d'avoir mis un terme aux activités criminelles et sanglantes de ce groupe d'égarés s'ajoute au fond de moi un sentiment de tristesse, un début de nostalgie. Je réalise que ces événements annoncent probablement la fin de la saga d'Action directe et qu'ils signifient pour moi l'aboutissement d'un engagement professionnel consacré, depuis les années 1970, à la lutte contre les groupuscules terroristes d'ultragauche.

Le lendemain, en fin de matinée, avant de rentrer sur Paris, nous retournons à la ferme, ceinturée à présent par un cordon de gendarmes et livrée aux examens et constatations de la police judiciaire.

Seul Rouillan est resté sur place. Les trois autres ont été transférés Quai des Orfèvres au petit matin.

Nous jetons un œil sur les pièces à conviction saisies : armes, explosifs, documents divers de revendication d'attentats, et les morceaux de cuir provenant de la serviette de Georges Besse découpés en forme de pistolet pour confectionner un holster selon les dires de Rouillan.

La Légion d'honneur

Dans les jours et les semaines qui suivent, une vaste campagne médiatique salue l'exploit de la police.

Aux articles flatteurs se mêlent des écrits plus tendancieux visant à attiser la rivalité entre services de police, notamment entre les RG et la DST.

Personnellement, je suis serein et comblé par cette réussite. J'éprouve pourtant le regret de n'avoir pas été informé plus tôt de l'existence de ces Belges de Vitry-aux-Loges. À quelques semaines près, Georges Besse aurait peut-être échappé à la mort.

Mais je garde la satisfaction d'avoir activement participé à la neutralisation du quatuor et d'être arrivé à temps pour épargner des souffrances et vraisemblablement une fin tragique à la future victime sélectionnée pour servir de monnaie d'échange à la libération de Schleicher.

Ma contribution à l'éradication d'Action directe m'a valu d'être décoré de la Légion d'honneur. Les insignes de chevalier m'ont été remis par Charles Pasqua le 8 mai 1987 devant le monument aux Morts de la police de Neuilly, parmi d'autres récipiendaires dont Ange Mancini et l'un des chefs de groupe du RAID. Mon patron, Philippe Swiners-Gibaud, et mon fidèle compagnon Patrice ont été décorés de l'ordre national du Mérite.

Au sujet de la prime, contrairement à ce que certains articles de presse ont laissé entendre, je n'ai jamais touché, et c'est logique, un centime de la somme promise à toute personne qui donnerait des renseignements décisifs permettant l'arrestation des membres d'Action directe.

En ce printemps 1987, après le dépouillement et l'étude de toute la documentation saisie à Vitry-aux-Loges, une question demeure et hante les divers services de police chargés de la lutte antiterroriste : « Est-ce vraiment la fin d'Action directe ? »

Mis à part Maxime Frérot, électron libre de la branche lyonnaise particulièrement dangereux par sa détermination et par son isolement, et qui finira par être arrêté quelques mois plus tard, je ne vois pas d'individualité suffisamment aguerrie et possédant le charisme et l'envergure nécessaires pour reprendre le flambeau. Rouillan s'est tellement coupé de son cercle de sympathisants qu'il n'a pas suscité de vocation. Il n'a créé aucun émule. Il n'a pas préparé sa relève.

Je crains plutôt la réaction de ses alliés européens. Si les principales structures belges et italiennes ont été en grande partie démantelées et ne présentent plus un danger potentiel, il en est autrement pour les Allemands de la Rote Armee Fraktion, dont je redoute une riposte sous une forme de campagne de soutien sanglante pour bien marquer leur solidarité.

Heureusement, cette crainte se révélera infondée. Les procès des membres d'Action directe se déroulent dans l'indifférence générale.

Les quelques militants habituels qui les soutiennent tentent bien de provoquer un élan de sympathie dans la mouvance d'extrême gauche, mais c'est un échec.

Le terrorisme à la française incarné par Action directe et les prémices d'un euroterrorisme sont bien morts.

Pour toujours ?

XXIV

L'après Action directe

Les réfugiés politiques italiens en France

Tandis que la section s'engage de plus en plus dans une collaboration officielle avec les services de police espagnols pour lutter efficacement contre l'ETA qui utilise le territoire français comme base de repli, d'entraînement et de préparation des attentats, mon groupe, tout en gardant un œil vigilant sur les emprisonnés d'Action directe, leurs relations et leurs contacts épistolaires, élargit son champ d'action à la surveillance de l'importante colonie transalpine de militants d'ultragauche, plus ou moins engagés dans des formations terroristes, Brigades rouges ou autres organisations similaires, qui ont trouvé refuge en France suite à la répression radicale décrétée par les autorités italiennes après les années de plomb.

Le gouvernement de gauche leur a ouvert officieusement le territoire français en contrepartie d'un abandon total de la lutte armée. Mais parmi eux, certains ne renoncent pas à poursuivre leur combat et continuent leurs activités subversives en France.

En cette fin de décennie, nous interpellons une douzaine de militants rassemblés autour de l'ancien avocat des Brigades rouges, Sergio Spazzali, que nous avons réussi à localiser dans un refuge clandestin proche de Marseille.

Devenu alcoolique, il décédera d'une gastrite éthylique avant qu'on l'interpelle.

Ses compagnons arrêtés purgeront des peines pour des infractions commises sur le sol français, mais ne seront jamais extradés dans leur pays pour y répondre des crimes dont ils sont accusés.

Le Groupe de résistance antifasciste du premier octobre (GRAPO)

Dans le même temps, nous poursuivons nos recherches en vue de localiser d'autres terroristes d'ultragauche réfugiés clandestinement dans notre pays : les rescapés du GRAPO.

Issu d'une scission du Parti communiste espagnol, survenue au début des années 1970, le GRAPO a opté pour la lutte armée contre le franquisme.

À la mort du général Franco, suivie de l'avènement de la démocratie en Espagne, il n'a pas renoncé à sa stratégie et poursuit son combat pour la révolution.

On peut lui attribuer une cinquantaine d'attentats et d'assassinats, de membres des forces de l'ordre notamment, auxquels s'ajoutent de nombreux vols à main armée et enlèvements avec demande de rançon, commis pour financer l'organisation, tous perpétrés sur le sol espagnol.

La répression de l'État espagnol à l'encontre de ses membres neutralise la plus grande partie de l'effectif à la fin des années 1970 et dissémine ceux qui en réchappent, une vingtaine de militants décidés à poursuivre leur combat, rassemblés autour de leur leader, le commandant Arenas. La France devient leur sanctuaire d'où ils mènent leurs incursions criminelles en Espagne.

Leur grande pratique de la clandestinité les rend insaisissables. Ce sont déjà des personnes d'âge mûr. Ils n'inspirent pas méfiance et trouvent facilement à se loger temporairement dans des appartements loués pour deux ou trois mois sous prétexte d'un stage professionnel en France. Les loyers sont réglés d'avance en espèces au loueur peu sourcilleux quant à l'identité de ses locataires.

Mon groupe a déjà eu l'occasion de travailler de façon épisodique et très ponctuelle sur des membres du GRAPO, suite aux informations fournies par nos collègues espagnols après des arrestations opérées en Espagne. Sans grand succès, les points de chute étant désertés systématiquement par leurs occupants après chaque accrochage dans leur pays.

Une seule fois, courant 1985, j'ai eu l'occasion de voir de près leur leader, le commandant Arenas, dans un appartement clandestin à Boulogne-Billancourt avant qu'il ne nous échappe. Par la suite, toutes nos tentatives pour situer le dernier noyau du GRAPO ont échoué.

C'est mon successeur à la tête du groupe, Philippe, qui y parviendra et mettra un terme à leurs agissements, plus de dix ans plus tard.

Le groupe Os Cangaceiros, les Fossoyeurs du Vieux Monde

Au début de l'année 1991, des opérations judiciaires sont dirigées contre des membres présumés du groupe Os Cangaceiros, auteurs de sabotages contre les chantiers des entreprises œuvrant pour le ministère de la Justice en vue de la réalisation de son programme de construction de nouvelles prisons baptisé « les treize mille ».

À partir de la documentation saisie, je décide avec mon nouvel adjoint, Philippe, de m'intéresser de plus près à ces activistes. Ce ne sont pas des terroristes, mais ils s'identifient à ces nouveaux casseurs que l'on remarque de plus en plus dans toutes les grandes manifestations publiques.

À la lecture de quelques revues du même nom, *Os Cangaceiros* et d'autres documents à en-tête des « Fossoyeurs du Vieux Monde », nous découvrons l'idéologie situationniste qui a marqué les événements de 1968 avec sa fameuse devise : « Vivre sans contrainte et jouir sans entrave. »

Les situationnistes se définissent comme des marginaux politisés d'ultragauche, des « hors-la-loi sociaux » refusant tout travail salarié, affirmant un désir de jouissance totale de la vie, faisant l'apologie du vol et du pillage et menant une vie clandestine. Ils se donnent bonne conscience en théorisant leur engagement et leur manière de vivre au moyen de revues et tracts.

Ce groupe a déjà revendiqué en 1985 et 1986 de nombreuses dégradations commises contre des installations de la SNCF et de la RATP.

Quelques militants sont connus mais clandestins. Jusqu'à présent, aucun service de police ne s'est vraiment investi dans l'identification et la recherche de ses membres.

Le défi me convient. Retrouver les bonnes vieilles investigations de l'enquête policière de base, en laissant au vestiaire les armes sophistiquées et les cagoules, est loin de me déplaire.

Nous nous mettons à l'ouvrage en étudiant minutieusement les documents les plus anciens signés par les Fossoyeurs du Vieux Monde. Ils retracent les activités du groupe avec toute l'abstraction voulue, des épisodes édulcorés ou plus ou moins dissimulés, et l'utilisation systématique de pseudonymes.

Nous parvenons, graduellement, à reconstituer leur itinéraire.

Le groupuscule des Fossoyeurs se construit dans la région niçoise en 1972-1973, à partir de quatre membres.

Il compte jusqu'à une dizaine de personnes venues d'autres régions de France lorsqu'il s'implante à Nantes en 1976.

L'essor du groupe se développe durant l'année 1977, alors qu'il revendique de nombreuses actions à Angers, Saint-Nazaire, Nantes et Le Mans.

Puis des dissensions surviennent, provoquant une lente déliquescence des Fossoyeurs jusqu'en 1983. Le groupe renaît deux ans plus tard avec le renfort de nouveaux venus du milieu autonome parisien.

Il prend alors sa nouvelle appellation Os Cangaceiros.

Ses deux principaux idéologues et rédacteurs se font appeler Yves Delhoysie et Donatien Ducasse. Nous savons que le premier est originaire de Nice et que le second est de la région nantaise.

Pour reconstituer leur cheminement, nous nous rendons d'abord à Nantes et Saint-Nazaire pour compulser les archives des divers services de police et de gendarmerie.

Une affaire pour vol avec violences et usages de faux billets de banque, établie par les gendarmes de Nantes en juillet 1979, nous fait avancer dans nos recherches. Le groupe à cette époque vivait dans un appartement de Saint-Herblain en banlieue nantaise où quatre personnes ont été interpellées et photographiées par l'identité judiciaire. Parmi elles, nous retenons surtout Dominique Civel de Nantes et un certain Philippe Ledoux qui, d'après nos recoupements, correspondent bien à nos deux penseurs, Ducasse et Delhoysie.

Nous établissons rapidement que Civel s'identifie bien à Ducasse. Pour le second, nous remarquons, en comparant la photo de Ledoux fournie par le service de la carte nationale d'identité à celle prise par les gendarmes, qu'elles ne correspondent pas. Nous avons affaire à deux personnes différentes, Ledoux étant une seconde fausse identité empruntée par Delhoysie à la barbe des gendarmes. Il figure ainsi dans la procédure sous ce nom, de même que sur sa photo anthropométrique.

Nous gagnons la Côte d'Azur avec un élément sûr, la photographie du pseudo-Ledoux/Delhoysie. Nos collègues niçois des RG et de la sécurité publique sont surpris lorsque nous leur demandons de sortir de la cave des archives vieilles de vingt ans pour dresser un état de tous les jeunes manifestants des années 1972-1975.

Nous relevons une centaine de noms pouvant correspondre. Après des recherches infructueuses dans le fichier photo des RG locaux, nous nous rendons au service de l'Identité judiciaire de Nice. Là, nous avons la satisfaction d'identifier notre homme : Yves Giuge, interpellé en 1975 pour vol à main armée. Un jeune délinquant qui dès ses 15 ans avait tenté d'incendier son lycée.

XXV

Mon départ de la police nationale

Les années se succèdent. Pour des raisons personnelles et familiales, je n'ai pas donné suite à l'offre insistante qui m'était faite d'être nommé commissaire en 1987. Les deux ans incontournables de formation théorique et pratique, tout aussi justifiés qu'ils soient, sont une épreuve et provoquent une coupure importante dans une vie active, d'autant que l'école des commissaires n'est pas située en région parisienne mais à Saint-Cyr-au-Mont-d'Or, dans la banlieue lyonnaise.

Quitter sa famille, retourner sur les bancs de l'école passé 45 ans ne se décide pas sans réfléchir.

Finalement, j'y ai renoncé. J'ai peut-être commis une erreur en n'acceptant pas cette promotion.

J'en éprouve parfois un vague regret… vite balayé.

Je frise la cinquantaine quand les premiers attentats islamistes frappent la France au début des années 1990.

Le terrorisme d'extrême gauche a cessé. Mon groupe, disponible mais non préparé au nouveau combat, est mis à la disposition de la section de la direction centrale en charge de la violence islamiste pour lui apporter ses compétences de recherche opérationnelle.

Dans ce nouveau décor je ne me sens plus dans mon élément.

La nouvelle partie exige des cartes que je ne possède pas. D'autres, plus jeunes, mieux formés relèveront le nouveau défi.

Le travail actif me pèse de plus en plus. Je n'ai plus le même allant, le même entrain. Je suis las de tout cela et j'aspire à d'autres activités, à connaître d'autres milieux. Je veux surtout éviter de finir comme la plupart des fonctionnaires en fin de carrière, écartés par les générations montantes et relégués à des tâches secondaires bureaucratiques.

Les débouchés ne manquent pas pour les anciens policiers, gendarmes ou militaires. Les domaines de la sécurité et du renseignement sont en plein essor. Quelle est l'entreprise, organisme d'État ou société privée, qui ne développe pas une cellule de sécurité ou d'intelligence économique ?

L'occasion de quitter ces vieux murs du ministère et ces sombres couloirs que j'ai arpentés durant plus de vingt-cinq ans va se présenter.

En accord avec mon dernier patron, Bernard Squarcini, je vais pouvoir enfin tourner la page, tenter d'effacer cette étiquette qui, à la Direction centrale des renseignements généraux, me colle à la peau depuis plusieurs années : Action directe. On me considère comme la mémoire vivante de toute cette histoire.

Finalement, mon sous-directeur avait raison lorsqu'il m'appelait « Monsieur Action directe ».

C'est le souvenir que je laisserai probablement aux Renseignements généraux.

Quand Rouillan me rend, malgré lui, un ultime service

14 novembre 1996.

Je suis assis devant le secrétaire général de la Compagnie générale des matières nucléaires (Cogema) dans son bureau au siège de la société à Vélizy, pour un entretien préliminaire d'embauche.

J'ai posé ma candidature quelques semaines auparavant pour rejoindre la cellule de sécurité du groupe où un poste vient de se libérer.

Cette petite structure dénommée un peu pompeusement « service de la protection du secret, des matières nucléaires et des établissements » (SPSMNE) a pour principale fonction de veiller à la stricte application des textes légaux et réglementaires en matière de protection des matières nucléaires et du secret-défense dans toute la Cogema.

Elle est dirigée depuis quelques mois par un ancien commissaire de la DCRG, Hervé Cosquer, avec lequel j'ai travaillé lorsqu'il animait, rue des Saussaies, le service de gestion et de manipulation des sources humaines. Nous avons l'un pour l'autre une franche estime et des relations de confiance et d'amitié.

D'ailleurs, en ignorant totalement que je puisse être intéressé, il s'est adressé à moi pour que je lui conseille le collaborateur qu'il recherche, en définissant mon… profil.

Dès que je lui dis que le poste m'intéresse, que je suis prêt à faire la demande de départ anticipé à la retraite qu'autorise le statut du corps des inspecteurs de police, il me pousse à franchir le pas. Nous lançons la procédure.

Mais nous sommes plusieurs à postuler et l'avis du secrétaire général de la société est décisif.

Il a lu mon *curriculum vitae* et connaît en conséquence les grandes lignes de ma carrière policière.

Exemple de courtoisie, il insiste pourtant, bien au-delà des limites de la curiosité naturelle ou liée aux besoins du recruteur, pour que je lui parle d'Action directe, de ses motivations, des raisons ou prétextes avancés pour commettre ses lâches assassinats.

C'est que Georges Besse, avant d'être le président de Renault, a été, de 1976 à 1982, le directeur général, puis le président de la Cogema, patron direct et proche d'Aimé Darricau, le secrétaire général qui me reçoit.

Grande figure du nucléaire, il a laissé à la Cogema, les avis sont unanimes, l'image du terrien de bon sens, extrêmement humain et chaleureux, et Darricau lui avait gardé une profonde affection, restant prévenant et disponible pour sa famille orpheline.

Est-ce que mon histoire l'a influencé dans son choix ? Je ne le saurai pas.

Dois-je remercier Rouillan et Ménigon de m'avoir donné involontairement un coup de pouce ?

Le 2 janvier 1997, j'intègre le SPSMNE que l'on rebaptisera rapidement « service de sécurité du patrimoine », au sein duquel j'assiste Hervé Cosquer.

Un nouveau défi nous attend : combattre le culte du secret, l'abus du secret-défense, péché originel ou maladie infantile du nucléaire civil contractée dès sa naissance dans le giron militaire et entretenue depuis, malgré le changement de statuts de la compagnie, par les organismes de sécurité du haut fonctionnaire de la Défense, du ministère de l'Industrie et de la direction de la sécurité du CEA.

Ce sera très difficile et long. Nous allons nous battre pour essayer de les faire passer du culte du secret (défense) à une culture du secret, en évitant l'abus de procédures à cachet rouge et en appliquant des méthodes très simples et pratiques de protection des informations dont nous ne souhaitons pas qu'elles partent chez l'adversaire, concurrent ou autre.

Nous remettons en cause beaucoup de procédures instituées depuis des décennies qui n'ont plus lieu d'être et qui sont inopérantes voire même illégales. Nous heurtons des situations bien établies et nous dénonçons trop de sinécures pour ne pas provoquer envers nous, de la part des administrations concernées, un front de résistance caractérisée, une guéguerre qu'Hervé Cosquer relatera, non sans humour, dans son ouvrage[1].

Il faudra attendre l'arrivée de la nouvelle présidente, Anne Lauvergeon, et sa politique de transparence pour mettre un terme aux formalités abusives et inutiles ou pour le moins les restreindre.

1. Hervé Cosquer, *Abus et détournements du secret-défense*, Paris, L'Harmattan, 2007.

Conclusion

Ce récit n'est pas un réquisitoire.

Je ne veux faire le procès de quiconque, surtout pas après tant d'années passées depuis ces événements.

Retiré à la campagne, cultivant ma petite vigne et soignant mes abeilles et mon âne, je n'avais nullement l'intention de les raconter, encore moins de les écrire, malgré les sollicitations réitérées de plusieurs de mes collègues.

D'autres ont cru devoir le faire. À leur manière, mus par des motivations que j'ignore et que je tiens à ignorer, provoquant ma réaction un peu tardive d'intervenir publiquement.

J'ai horreur de la falsification de l'histoire ou tout simplement de la relation partielle, partiale ou habilement tronquée de ce qui s'est réellement passé.

Dans un autre registre, n'a-t-on pas encore repris récemment la thèse avancée en 1997 selon laquelle l'Iran aurait été le commanditaire des assassinats de René Audran et de Georges Besse, assertion totalement gratuite et de mon point de vue saugrenue, formulée sans le moindre commencement de preuve ? Pourquoi pas aussi une manipulation de l'ex-KGB ou des Américains !

C'est uniquement par désir et par devoir de faire connaître la vérité, par égard aussi envers ceux qui m'ont accompagné sur ce chemin, que j'ai rédigé le présent ouvrage avec ce qu'il recèle de plaisant et de valorisant pour certains et de désagréable et désobligeant pour d'autres.

Il ne s'agit plus d'accabler ceux qui, sciemment ou non, pour les diverses raisons que j'ai évoquées, ont permis indirectement l'essor d'un petit groupe d'égarés qui n'ont trouvé que la haine, la violence et les tueries pour exprimer leurs idées politiques.

La juste perception de la réalité n'est pas aisée. Je sais qu'il est difficile d'anticiper l'évolution d'un groupe d'activistes, de deviner sa stratégie et d'imaginer ses formes d'action avant qu'il ne passe à l'acte.

Qui aurait pu pressentir les attentats-suicides d'Al-Qaida avant le 11 septembre ?

J'ai osé avancer imprudemment, ou plutôt pour conjurer le sort, que le terrorisme à la française incarné par Action directe était terminé.

C'est vraisemblable, mais pas certain.

Que ces quelques pages nous incitent à rester sur nos gardes et à détruire le monstre naissant dès ses premiers pas.

Glossaire des sigles apparaissant dans l'ouvrage

AFP : Agence France-Presse
AJS : Alliance des jeunes pour le socialisme
ARC : Alliance révolutionnaire caraïbe
ASALA : Armée secrète arménienne de libération de l'Arménie
BI : Brigades internationales
BOC : Brigade opérationnelle centrale
BRI : Brigade de recherche et d'intervention
CCC : Cellules communistes combattantes
CEA : Commissariat à l'énergie nucléaire
CIDPPEO : Comité international de défense des prisonniers politiques en Europe de l'Ouest
CNPF : Conseil national du patronat français (ancien nom du MEDEF, Mouvement des entreprises de France)
COLP : Communistes organisés pour la libération prolétarienne
DCRG : Direction centrale des renseignements généraux
DCRI : Direction centrale du renseignement intérieur
DGSE : Direction générale de la sécurité extérieure
DST : Direction de la surveillance du territoire
ETA : Euskadi Ta Askatasuna (« Pays basque et liberté », en basque)
FARL : Fraction armée révolutionnaire libanaise
FRAP : Front révolutionnaire d'action prolétarienne
FTP-MOI : groupe parisien des Francs-tireurs et partisans de la main-d'œuvre immigrée. Organisation militaire du Parti communiste pour les étrangers, appelé encore du nom de son chef, Groupe

Manoukian, dont 23 de ses membres ont été fusillés le 21 février 1944 au Mont-Valérien.
GARI : Groupes d'action révolutionnaire internationaliste
GD : Groupe de direction
GLA : Groupe de libération armée
GP : Gauche prolétarienne
GRAPO : Groupe de résistance antifasciste du premier octobre
IRA : Armée républicaine irlandaise
KGB : ancien service de renseignement de l'Union soviétique, remplacé par le SVR
LC : Ligue communiste
LO : Lutte ouvrière
NAPAP : Noyaux armés pour l'autonomie populaire
NRP : Nouvelle Résistance populaire
OCC : Organisation communiste combattante
OFPRA : Office français de protection des réfugiés et apatrides
OMC : Organisation mondiale du commerce
PAF : Police de l'air et des frontières
PCMLF : Parti communiste marxiste-léniniste de France
PNFE : Parti nationaliste français et européen
RAF : Rote Armee Fraktion
RAID : Recherche, assistance, intervention, dissuasion
RG : Renseignements généraux
SDECE : Service de documentation extérieure et de contre-espionnage (ancêtre de la DGSE)
SPSMNE : Service de la protection du secret, des matières nucléaires et des établissements (cellule de sécurité du groupe Cogema)
SRPJ : Service régional de la police judiciaire
SVR : Service de renseignement extérieur de la Fédération de Russie (successeur du KGB)
UCPA : Union nationale des centres sportifs de plein air

Table des matières